U0914169

视点文丛

回首皆风景

叶延滨 著

中国青年出版社

目录

片段

这些都是多年以前的事了，因为莫名其妙的原因，成为片段留在记忆中，像旧房废墟里的瓦砾瓷片，风吹雨打，偏不消失。

——题记

1

一个女人那么认真地读报纸，读那些朗朗上口却十分男性化的语句，打倒……横扫……斗争到底……她越是投入倒越是可疑。在我今天看到《……宝贝》还有《……就分手》之类题目的图书时，不知为什么，我就想到一个戴着红袖箍领着我们读文件的女人。这也许是一个事情的两面，正和反，阴和阳。开初只是伟人的一句诗："不爱红妆爱武装"，哪里晓得就像天气预报一样的准确，满大街都是穿着绿军装的红卫兵和造反派。在这些穿绿衣戴红臂章的人中，最醒目的还是女学生，高中生还是初中生无关紧要，这一身行头，成了一个时代的标志。几十年过去了，只要这身打扮出现，舞台也罢，银幕也罢，就知道是干什么来了。所有的事情本来都是可疑的，她们挥着皮带抽打老师，她们踢开房门搜查“四旧”，她们焚烧图书和字画……我都见过，但我实在想不通，为什么？当然，在所有的记忆中，最让我感到可疑的，是女红卫兵认真读报的样子，那么喜欢装腔作势的文字？那么相信高亢激越的八股？——事情过去多年了，最让我可疑又不解的是，当我看到“性趣”至上的文字，而且是女人写的文字后，叠印出的竟是四十年前穿绿军装的女红卫兵？也许这种联想毫无道理，时尚也许本来就如此，有时是敢穿，有时是敢脱，有时是上半身，有时是下半身。

不该发生的联想，只是发生了，又忘不了。因为每天从小区的院子里经过，都会看见遛狗的人。生活好了，兜里的钱多了，也没有人来说“玩物丧志”，来批“声色犬马”了。小狗有趣，夹着一泡尿从家里出来，不肯一下子畅快了，走几步，跷起一条腿，滋出几滴，再走几步，鼻子闻一下，又跷起腿来，滋出几滴。这是从基因里带来的习惯，用尿液划出自己的领地，警告同类：“此处已经有主了！”可惜宠物狗自己都做不了自己的主，主人给它套着一根狗项圈，小狗只有跟着主人遛弯。嘿，不管有用没用，照旧跷腿，照旧滋尿，照旧狗鼻子一路嗅过去！人没有这个毛病，人到底是高等动物，如果都把祖上这毛病带上大街，热闹了。唉，热闹的“文化大革命”，有点相似的毛病。到处写大标语，到处贴大标语。年轻人没见过那阵势，需要想象力，就把现今到处贴的小广告放大一下(贴小广告有点小狗跷腿撒尿的意思)。贴小广告与贴大标语也有不同，贴小广告贼头贼脑偷偷摸摸，贴大标语是件爽快痛快的事情，提一桶糨糊，挟一卷报纸，糨糊刷了，报纸贴上，大笔一挥：“全世界无产阶级联合起来！”“打倒×××！”“大海航行靠舵手，万物生长靠太阳！”……说大话的，骂大街的，抒情的，表态的，很是热闹。对立的帮派，不同的造反组织，都在一条大街上爽快痛快，你从东头爽到西头，他从西头爽到东头，你白天来，他晚上干。贴来贴去，互相说的都是差不多的“文革”语言。你贴上我覆盖，我贴上你覆盖。是跑马占地，也是给自己壮胆。我那时也不脱俗，在一个学生组织中，也常干这事，刷完大标语，回头一看满大街都是自己的标语，有一种《解放区的天是明朗的天》那首歌的感觉：啊，我们走在大路上，意气风发斗志昂扬……事情的结局，那一层叠一层的标语，最后是让收破烂的老头揭下来卖到废品站去。而我们最后像丧家犬一样，让人从城市的街面，横扫到广阔天地去了！活该，敬惜纸墨，当学生如此对纸不恭，对字不敬，最后会有好结果？想到这里，我笑了，毕竟我们没有停在那个时代，更没有靠口诛笔伐过日子。

看身边的宠物小狗跟着主人乐颠颠地跑，还不忘走走停停，跷起腿来，完成基因交办的动作，可爱。

2

四川人说话：“吃竹笋屙背篼！”实在可以算作民谚经典。

我在编辑部编杂志，前后二十多年了，遇到过不少被人诬告，被人无中生有造谣，被人编出故事四处传销的事情。就说这“经济问题”吧，就有过许多添枝加叶招来人马审计查账的事情。一次是在四川，刊物办得还可以，月月有工资，年年有奖金，不知惹着哪一路神仙。有天上班的时候，机关的头头找我谈话，东拉西扯，不得要领。一个钟头后回到编辑部，才知道在过去的这个钟点里，兼做出纳的编辑被叫到五楼交代问题，兼做会计的编辑部主任被叫到三楼去交账本。从此，天翻地覆查了两三个月，查出会计账上比出纳多出十九元六角。总算有了成果，“工作组”一副凯旋的样子结束了这场清查事件。我至今不知道是什么样的举报让我们三个月不得安宁。只是这件事教训了我和编辑部的人，从此，奖金少了许多。前两年，又有人把我和其他人举报到上头了。原因是什么？没有告诉我，但在此以前三年时间，编的刊物年年得到上级表彰，职工工资三年平均增长一倍。传说是要给我提一下职务，把“常务”两个字去掉，不知是真是假，反正那举报招来了“调查组”听了三天意见，又招来查账组查了三天账。听意见听到什么？没有人转告。查账查出什么？也没有人转告。只是听到传言说叶某人该双规了。只是听到传言说另一个同志要坐牢了。闹了半年，正式作为问题向我指出的只有一件事：“在自己办的刊物里登了个人的图书广告。”我申诉道：“全编辑部无论是哪个职工出了书，都可以免费登广告。我出了书也登广告。只是我考虑到我在负责，所以我是唯一付了钱的，怎么还算问题？”我下一句话没说出来：“这本来可以当先进材料嘛！”

有了这样的经历，我再次明白了，有些事情不是因为你干得不好惹来麻烦，而是因为您干得好了，才招来麻烦。而且由于中国特色，给您添麻烦的是非小人，并不为此付出代价。这类人的才华就是“吃竹笋屙背篼”！——天哪，想出这个谚语的人，真是奇才。我设想了一下，如果有个人给我说出上半段“吃竹笋”，我发挥想象力，也只能想出“胸有成竹”。能想出这词，比起“屙背篼”就少了许多精彩啊！胸有成竹，最多说明心胸大有主张。而“吃竹笋屙背篼”者，能耐就大上天，吃下竹笋，在肚皮里能变成竹子，还能把竹子劈成竹片，剖成竹篾，削成竹丝，编成竹篼，从屁股里屙出来！哇塞，心肝胆肺，皆如快刀，何等锋利！——语言的魅力就在于此，一想到我经历的这些事，我就想到这个谚语，想到那些心肠如刀般锋利的人物！

3

迎新是个常讲的话题，但认真想一下，也会有更新的体会。

为什么新年总定在最冷的深冬时节？我们知道地球围着太阳运转，因地轴与运行的轨道是斜交的，有一定的斜角，所以地球上任何一点在周而复始的运行中，会有不同的日照强度，形成春夏秋冬季节的变化。但为什么把冬春之交定为新年呢？特别是中国的农历，干脆新年就叫春节——冬天结束了，万象更新了。是啊，迎新与春天结缘，因为春天给我们许多惊喜和振奋。春天冰雪消融了，春天种子萌芽了，春天树木又披上了绿叶，春天鸿雁又从南方回来了，春天到处都看到繁花似锦……也许，春天给了我们太多的鼓舞，让我们想到新生，想到重新开始，想到所有与蓬勃向上的生命有关的事情，比如理想，比如力量，比如奋斗，比如初恋……

新年是让人快乐的，迎新是常讲常新，是让人爱听的话题。但是，正如我们早就知道的，新年不是从零开始的，它只是地球漫长运转中人们确定的一个"时间量度"。在新年到来之前，是冬天，是纷纷从树枝上飘落的黄叶，是黄叶运走的秋季，是秋季放进库房里的光荣，那光荣经历了夏天的风雨才变成实实在在的果实，而在风雨之前的春天，还只是种子里的梦想……对了，迎新只是我们生命长途中的一个小小里程碑，一个春夏秋冬后的小结——对一个人如此，对一代人也如此！所以，我们读书学习。书是什么？一个作家的书，就是一个生命经历春夏秋冬留给你的"新年礼物"。一门功课的课本，也许就是另一代人经历时代的春夏秋冬给你留下的"春天的种子"。所以，迎新也是一种仪式，一种庄严的回顾，一种继往开来的提示，一种民族和人类精神的传承。

回头看看，想想自己走过的、父兄走过的、祖先走过的，那是一条光荣而漫长的路！朝前望望，那是属于自己的地平线。一生都应当如此，回头就是学习，向前走就是开拓。

每天的太阳都是新的，这是真话，虽然，也是一句老话。

每天的太阳是新的，但有一个地名，对于一个人却一生也丢不开，它就是你的出生地。对于我，就是“哈尔滨”。哈尔滨是什么，对于我就是所有登记表上必须写上的三个字。我在哈尔滨一家军医院出生，然后，出院的同时也就是离开哈尔滨，所以，哈尔滨对于我就是一个军医院，因为我不知道那个军医院的名称，所以只好说，我在哈尔滨出生。其实就是一个交叉点，如果不是父母随机关北上到了哈尔滨，如果不是军医院进驻了哈尔滨，我不会背着这个地名过一辈子。哈尔滨让我的出生有了实实在在的依据，不再可疑不再没有土地感——然而，真的，我不知道是在哪个医院出生的，也没有一张出生证，哈尔滨就是我的出生证代码。

不知为什么，父母给我取了叶延滨这个名字，滨字，就是为了纪念哈尔滨。延字是属于另一个地方，延安。我不是延安出生的，是随哥哥姐姐取的“延”字。父母在北上东北时，把一双儿女丢在了延安，姐姐进了保育院，哥哥岁数太小，保育院不收，送给了当地的一家农民，从此，我有了一个异姓的亲哥哥曹延光。“光”取自光复之意，也就是抗战胜利了。抗战胜利了，却要抛儿离女，大概前一辈中国知识分子对革命的向往与忠诚，是我们所不能完全理解的，或完全不能理解。

这种不理解给我造成的直接后果，就是对我出生地的不理解，或者是由于这个出生地而造成的问题。在我读书上学后，我的母亲受到了不公正的对待，被打成“阶级异己分子”开除出共产党，后来又“下放”到大凉山的西昌，在一所师范学校当老师。命运大概总是有偶然的巧合。母亲出生于富商之家，东北沦陷后只身到北平求学，参加了“一二·九”运动，从此成了“红军时期”参加革命的知识分子。在延安发生“抢救失足者”，在知识青年中抓特务的那段艰难日子里，我母亲是延安中学的一名老师，也被打成“特务”受到批斗和审查。革命胜利了，全国解放了，在地委宣传部长位子上的母亲，以莫须有的罪名被开除出党，再一次钻山沟，从延安的山沟钻进了大凉山，再次上讲台当老师。母亲的坚强乐观，常常让我难以理解。为了陪伴母亲，我也从省城到了大凉山，我的全部中学生活都是和农民的孩子一起过的。那些日子我也穿草鞋，没有钱买草鞋就打赤脚。我也很乐观也很努力，至今我的中学还把我当成她的光荣。今年夏天，我看到母校的招生广告，广告还提到我这个四十年前的学生的名字。但那时，无论我怎样与当地的孩子混在一起，我的名字还是成为最后的隔阂。一个出生在东北哈尔滨的人，怎么会到大凉山一所中学读书？是因为他的母亲。他母亲怎么了？

后来阶级斗争的弦越绷越紧了，“文化大革命”的风暴也吹进了大凉山，在无数的旋风之后，我离开了大凉山到延安插队，投奔已成了延安某生产队农民的哥哥……

我一生在南方和北方都生活过不少的地方，也去过更多的地方，但是，至今我没有回过哈尔滨，一次也没有。这个问题没有认真想过。有许多次朋友邀请，还有会议和活动，但都因为种种原因没有成行。哈尔滨是我的出生地，是我一生最重要的印痕，却只是一个符号，一个没有实际体验的城市。

哈尔滨电视台的人，确认我是哈尔滨的一员，到家里来采访。昨天寄来播出节目的光盘。四十分钟的采访。除了说我是在哈尔滨出生的，我没有对哈尔滨说更多的话。这真是极有意思的事情，哈尔滨，对于我，这个城市到底意味着什么？

4

生活中我们追求顺利与平和，过年的祝福也是“万事如意”之类的吉祥话。然而，平顺安宁往往无法在岁月之后给我们留下印痕和回忆，那些挫折和失败，那些不公与委屈，却会久久地留在脑海里，成为记忆，也成为人生的“财富”与“教训”。我曾写过一篇短文，叫《生活的痛点》。我绝不是希望遇到不公的对待，我只是想提醒自己，所有的事情都会过去的，要紧的是在噩梦中，自己不要和魔鬼做交易。

前两年，遇到许多不顺心的事，让我萌生了去意。我也许没有估计到在利和名的诱惑下，人心可能变得何等丑陋。诬告信，造谣电话甚至恫吓电话，还有这样的安慰电话：“咱们是哥们，就是把你关起来，放心，需要我做的，打个招呼就是了！”这样的信息，可见整我的人是如何广为散布“叶某人的罪恶行径”，让人心烦意乱。也记得一位比我长几岁的老朋友说的一句话，他了解我的艰难处境，他说：“都会过去的，没有过不去的坎！”这句话调动了我的生活积累，我让自己稳住神。凡是可以不做的事情，都不去做，当心背后挨刀子；凡是不需解释的事，都不解释，不骂娘也不喊冤。我提醒自己：“不要乱了方寸，不要为眼前的荣辱去做自己都会看不起自己的事情，不要与魔鬼做交易。”一是不要乱了方寸，受辱时血往头上冲，把握不了自己就会出错，可能本来没有错，但是在对方主动发难时，自己乱了方寸，就会真的在这时做了错事说了错话，授人以柄。二是不要去做“自己都会看不起自己的事情”，处理危机有各种方案，个人荣辱，利害关系，得失权衡，都不可避免地要拿到手上去掂量。无论哪种方案，都必须做到“自己不会看不起自己”，不选那些下流和阴暗的法子。三是“不和魔鬼做交易”，这一点很重要，病急难免乱投医，但不能找魔鬼给自己治病。解决问题总难免要妥协，但妥协的法子中要避免与魔鬼交换条件，换言之，人难免有小辫子，但不要让魔鬼捏住它。

在挫折和危机出现时，我知道人们都会用格外的眼光关注你，怀疑？猜测？同情？迷茫？我回头想那一切，我觉得，一个人的能力和品格，大概在这个时候是最容易让旁人去考量了。说到这里，我想起我记忆中的第一部电影。也许，它不是我看的第一部电影，却是留在记忆中的第一部电影，那是前苏联的影片《冷酷的心》，故事是说一个人跟魔鬼做了交易，把心给了魔鬼，魔鬼答应他实现梦想。这是一部醒世劝善的影片，但在我记忆中，至今难忘，大概这叫最初的人生记忆吧：千万不要和魔鬼做交易！

5

最早的记忆，这是一个很有趣的话题。你对别人的最早记忆，和别人自己的最早记忆，有着不同的意义。比方说，我对儿子的最早记忆，是他选了一个有趣的日子来到这个世界，正月十五。那天他一早就发出了“我要出来”的信息。于是妻子住进了产房。进了产房，儿子变得安静了，好像虚惊一场。到了下午，医生都准备明天再来请他出来了。值班的主任医生认真研究了这一天的情形，决定剖腹产。于是就在正月十五傍晚，各家的鞭炮响起来了，全家人围在一起吃团圆饭的时辰，我坐在手术室外空荡荡走廊的长椅上，等到儿子鞭炮一样响亮的哇哇叫声。

那么我自己对自己的最早记忆呢？我最早的记忆回想起来，像是一部逐渐清晰的黑白纪录片，那就是我对这个世界有感觉并能记住它的过程。

我出生在哈尔滨，这个冰雪之都，而且是出生在冬季。但我对寒冷没有记忆，对哈尔滨也没有记忆。我最早的记忆是热，是一个严酷的夏天，是浑身长满了热痱子的难受。记得住的房子有光滑而通红的地板，晚上总是悄悄从床上爬到地板上，地板凉滋滋的，真舒服。后来知道了，这就是大汉口。那时我的父母从《东北日报》南下后，在新成立的《长江日报》工作。在解放战争中，第四野战军继续南下了，我们家在武汉停了下来，据说，是父亲想回四川看望寡居的祖母。在武汉等到四川的局势平定之后，我们全家就西进入川了。大武汉就这样留在我的记忆中，热，痱子，光滑而凉爽的地板。这是我至今能记起的事情中最早的三个元素，不是别人说的事情。如果要用我姐姐的嘴来说武汉，就是一件很不体面的事情。到了武汉后，姐姐和我一起上学校，她上小学我进幼儿园，但我大哭大闹，使我的集体生活没有在武汉开始，上幼儿园的事在哭闹声中失败。这一件事，我没有记忆。一个小孩哭闹的事太多，不上幼儿园与不吃药都同样以哭闹表示抗议，因此，不会有记忆便十分正常。实在对不起大武汉，在我的记忆中，留下的就是热、痱子、光滑的地板。

我第二个最早的记忆不是长江，虽然应该是长江，我们毕竟是坐江船入川嘛。也不是重庆，照说那是入川后第一个码头。我记忆中的是另一座城市“泸州”，长江边上更深入四川的重镇。全国解放之初，四川划为四块，川东、川南、川西、川北，泸州是中共川南区党委所在地。我们在川南区党委的招待所里住了不短的时间，父亲到乐山去任专员，母亲到内江去任地委宣传部长。后来，母亲在内江受到错误的处分，主要的问题是，在土改中母亲在地委多次反映“斗地主打死人太多，要注意政策”，招致“混进党内阶级异己分子”帽子，开除党籍。内江是著名的糖城，对于我们家，却是苦涩记忆的开始。不过这不是我的记忆，我记忆中的内江，是以下的元素。我在内江的家，是山坡上的一排房子，大概是新盖的一排平房，屋内抹上了白灰，外墙还是露着黄泥，那些黄泥里拌着一寸长的稻草秆，满墙都是稻草秆。这样的房子给我新鲜感，让我一下子记住了我在内江的家。大概是糖都，我觉得在这里我最爱吃的一道菜是“糖醋炝莲花白”。莲花白，就是卷心菜，糖醋炝炒，美味可口。川菜有许多美味，我最早喜欢而且一辈子难忘的就是糖醋莲花白。它物美价廉,是共产党革命大食堂的当家菜。对内江的第三个记忆就是纤绳扎成的火把。那时,内江城有个大戏院,主要演川戏,看戏是内江上层社会主要的文化活动。母亲作为主管领导人自然带我们看了不少,演什么戏都记不起了,记忆中最清晰的是散戏后的火把。小城里路灯少,用装电池的手电筒也是很奢侈的洋玩意。有钱的人散戏后,会在戏院外买一支火把,举着回家。那些火把是江边上旧纤绳砍成一截截扎成的。旧纤绳是用竹篾拧成。竹纤绳不怕水沤,价钱不贵,用坏了,便被人砍成一截一截,扎成火把。火把从戏院门口,四散开来,渐行渐远,那景象十分动人。大概这就叫诗意吧,反正比舞台上唱的戏更深地留在我的记忆中了。这就是我记忆中的内江,抹着稻草秆的黄泥墙、炝炒莲花白、竹纤扎成的火把。后来,我们离开了内江,母亲调到了省城,在成都市教育局任中教科长。开除了党籍降级安排,日子还能过,我想,有许多老战友老同事的帮助。到了成都,我开始识字了,也能记住地名了,在成都最早的地名就是:将军衙门、斌升街、东胜街、西胜街……这些地名构成了我记忆的证据。而我人生结交的第一个好朋友,我也能记住他的名字:蛮蛮,中等教育科里母亲一个同事的儿子,这个同事后来成了十九中的老师。一切都与文字有关了,记忆开始变成了生命证据的链条!

6

人到底有没有命运?当然有,人与人不同,就是命运使然。好运好命自己不察觉,是让他人羡慕;厄运倒霉,多是当事者自己长吁短叹怨天尤人,认为上天不公命运不济。说起来,人是可以改变命运的,否则就没有奋斗这两个字了。而且,我们从小受到的教育,就是人生就是奋斗,一切都是奋斗得来。这种励志教育有益,极端了就会有负面影响。同样努力,起点不一，效果不同，落后者就大呼不公。首先应是“唯物主义”，承认每个人来到这个世界“天时地利人和”诸因素的不同，就是“命”不一样。承认差别，就是唯物主义，否则光是大呼“老天不公”，把一切推给老天爷，才是真不公平。其次要讲机会相等，讲公平竞争，讲法律面前的人人平等。讲“相等”“公平”“平等”就是给每个人改变命运创造自己新生活的条件，有了这样的条件，才有“奋斗”改变命运创造人生的可能。

我想到母亲一生，总感到命运与个人奋斗之间有说不清的关系。母亲早在“一二·九”北平学生运动时投身革命，直到全国解放，虽也历经坎坷曲折，但还是在时代潮流里“跟着走”。全国解放后，第一场“土地改革”运动，遇到了一位看不起“知识分子”的直接上司，因为工作中为“斗死的人多”提了意见而被他定为“阶级异己分子”开除出党。这一结论，直到二十八年后才给予改正。二十八年，就是说，因为这个人，母亲后半生的人生轨迹发生了改变，从随着革命潮流“跟着走”的人，变成了每次运动来了都受潮流冲击的人。也许命运真是捉弄人，平反改正后，母亲回到省城的老干部休养所度晚年。那位顶头上司也从职位上退了下来，住进了休养所，而且与母亲在同一幢楼的同一个单元里，门对着门！那个改变了母亲命运的人，晚景凄凉。儿女不在身边，老伴与他在同一单元里分居分灶，各人煮各人的饭，谁也不理谁。两家人不往来，但母亲见到老头如此晚年，二十八年的怨气好像也散了，不提了。

母亲命苦，倒霉遇上这样的顶头上司，让她半生蹉跎。这就叫人祸，遇上了克星。是命运中的不可知因素，叫偶然性发生了作用。当然，母亲这样的知识分子，这一次没遇到“他”，下一次也难说，还有那么多“运动”在后面排队等着呢。回想着母亲这一代中国知识分子的命运，我感慨自己得益于改革开放，虽有种种不如意，但大的潮流是越来越开放，越来越尊重人了。

潮流造就一代人的命运。比方说开车上路。道路建设好了,整个交通有了法规,安全性就增加了,个人的守法意识、个人的驾驶水平,是安全运行的保证。一要道路好,二要有法规,这两条是社会大环境。如果换个地点,换到伊拉克,那么就是另一种命运,开车的风险增加一百倍。潮流造就一代人的命运,也难免有个人偶然事件改变个体的命运。比方说,你开车上路遵纪守法而且技术高明,但就碰上个酒后驾车冲翻隔离栅栏砸到你车上,这就算你运气不好了。这类事,就像摸彩票,没道理可讲。你撞上了,自认倒霉!

摸彩票,十万中一,总有一个中彩,这是可以预见的,有道理可讲,必然性。谁摸上这头彩,没法预见,无道理可说,偶然性。一个城市里每天有多少车祸,大致有个比例,违章者比例高,但不违章的也有"中彩"的,这就难免叫人想到那个字"命"。飞来横财与飞来横祸,都绝对是"运气",不在任何预测之列,买彩票中大奖与买飞机票从天上掉下来,都是没有讨论余地的"不讲理"!

规律之外的事情,与人生有关联,我们就叫运气,就叫命,就叫"故事"!怎么办?提得起,也要放得下,该认命就要认!该认输也要认!该认栽也就认!比方说,一条狗咬了你一口,你不能与狗讲道理,你勇敢一点可以撵走它,你胆小一点可以躲着它,但你想与它讲道理就是你的错误而不是狗的错误了!再比方说,一只蚊子叮了你一口,你一巴掌拍死它解气,你没拍死它也别惦记它,更不要满世界去抓捕这只蚊子,不抓到它你就觉得没有正义,如果这样就不是蚊子有问题,而是你有病了!当然,艺术家可以夸大这种"精神",秋菊打官司也罢,一生都在寻找某个人也罢,编成一个半小时的电影,效果感人,但放大成一个人的一生,绝对不可实行。

不能因为别人的错误惩罚自己——要把握自己的命运，千万要记住这句话。

7

什么是童年？童年就是梦想开始的地方。

也许这句话太诗意，太浪漫，也就不准确，那么换个说法，童年就是世界开始的地方，也就是历史开始的地方。

回想童年，其实有趣的不是那些历历在目的细节和故事，而是在故事后面，我们对时空的判断。首先，我认为我处在的那个地方，是世界上最重要的地方。我的童年完整的记忆是从成都开始。成都成为有符号的记忆，有地名、人名、数字和图像。我最早的世界是将军衙门这个地名，这是大地名，就像今天所说的小区，将军衙门向北是一条名叫斌升街的窄街，后来又搬到斌升街西面路面较宽的西胜街。两处宅第都是原来的旧公馆，老成都的公馆区叫少城。我读书的学校还要继续向北，到了北教场，当时是解放军成都军区所在地，对门一个旧公馆改成了“育才小学”，省城的干部子弟学校，我在那里读到1957年。不知道这是哪个大人物的旧公馆，办成一所寄宿学校几乎无须添盖新房，教室、宿舍、礼堂，都是老房子。前面的操场，后面的果园，一应俱全。这是人生第一个完整的世界，我觉得它很大，也很神秘。这个世界就是我的童年，童年留给我的记忆，是冬天早上天不亮就要起床。学生宿舍门口，有两只马桶。旧公馆没有抽水马桶，虽然号称“贵族学校”，晚上大宿舍里全体学生小便问题，也只能在宿舍门口的马桶里解决。做值日，最苦的事情就是要倒马桶。马桶边有两只铁环把，轮到值日的两个孩子一人提一只铁环把，各自偏向一侧，又提又拉，才能将其提起来。从宿舍到厕所，有很长一段路。天冷路远，一不小心，尿水就荡在裤腿上。这是寄宿学校最冷的早晨了。后来到了 1957 年整风，育才小学作为干部子弟小学“搞特殊化脱离群众”，停办了。现在想来，大概这是当年整风反右运动为数不多的不需改正的“决定”。从那以后，我再不需要在冬天寒冷的早晨倒马桶了。童年开始的地方，就是有了苦痛感受的地方，寄宿制学校，就是一个缩小的世界：老师是至高无上的真理化身，管生活的阿姨比后娘更暴君，银杏树下落满了熟透了的果实，而花园的苹果永远不会掉下来而被鸟儿啄食。这就是我童年的时间观：在我来这个世界以前的时间叫旧社会，旧社会在我脑子里是遥不可及的过去——其实那时的新中国也是刚上小学的年纪；而属于我的日子，就叫未来，就叫明天，就叫幸福生活——老师常说“在蜜罐里泡大”！

育才小学关门了，我转学到了成都二师附小，一同转到这里的还有赵小明，他父亲是公安厅的头头。二师附小是重点学校，纪律严明，老师厉害。班主任姓廖，好像我和赵小明是“充军”到他手下的囚徒，每天放了学，就把我俩留下来训话。教室是一排平房，顶头墙上画着一幅中国地图，巨大的中国地图占了整面山墙。廖老师习惯站在地图前训斥人，我个子小，站的位置刚好面对祖国西南部的喜马拉雅山，和我一样高的坐标处，有两个小国家，一个叫不丹，一个叫锡金。这是我最早记住的“外国”。从不丹和锡金开始“放眼世界”——只是因为我人生第二所学校教室外有一幅画在墙上的地图，只是因为班主任廖老师喜欢在这幅地图前“修理”两个转学来的新学生。

童年是什么？就是一个人历史开始的地方，一个人世界展开的地方。而我的误区以至于我们这代人的误区，是自认为“与一个国家一同成长”的人，好像为了自己的到来，世界“焕然一新”——之前是旧中国，之后是新社会；之前是一片黑暗，之后是一片光明。再加上天天听“世界是你们的”“未来属于你们”之类的激动人心的话，没弄清“你”与“你们”完全是两码事，所以，我们这代人基本上必须走出一个窄窄的成长之门，在挤过那道窄门时，童年就成了一个被挤破的气球——梦醒了，也就叫成熟了。

这是最近的一期《读者》上的两句话，有这两句话，这本杂志就让我满意了。没有说明出处，是"言论"页上的摘要：宁夏一位气急了的农民父亲面对儿子无休无止的抱怨声竟然口出华章："不要整天抱怨生活欠了你什么，生活根本就不知道你是谁！"

8

我是一个多梦的人，自打记事起，睡觉就是做梦，哪怕是睡午觉或是打个盹，都会很快进入一个梦境。

多梦也许是好事，一半的时间在睡眠中度过，也就等于多活了许多时间。活着，也就是有知觉。一是实实在在地活着，一是在梦幻中虚拟生活。因此，当网络出现，当虚拟世界的游戏吸引着不少孩子，我理解这种现象，每个人都追求体味另一种与现实不同的生活。

我多梦，但梦中很少有妖魔与鬼神的光临。也许是因为从小受到唯物主义的教育？不完全如此，因为没有妖魔的梦，也并非如现实世界正常。梦中的场景与现实不一样，在梦中我常能飞起来。梦见飞行是件快乐的事情，还有见到自己想见的人，比如当年梦见毛主席，梦见某个自己喜欢的女子。醒过来，都后悔，惋惜它竟然只是一场梦。没有鬼怪，使我这辈子的梦少了魔幻玄彩，大概这也是我对魔幻的电影不感兴趣的心理因素。《无极》炒得火热，但看了电影，发现导演实在不高明，不高明就在于，许多人如我们没有进入这个"人造梦境"。什么是电影？从心理方面讲，就是让观众在一个半小时中，进入导演设置的梦，以假乱真，让你悲让你喜，让你痴情如影片中的人物；异想天开，让你震撼，让你惊吓，让你看得目瞪口呆，最后如囚徒走出电影院叹一声："多好的阳光！"可惜，《无极》也许能让孩子满足一下不能进网吧玩游戏的感觉，我从头到尾就没办法进入电影。于是我感到才华的无价，当才华流失之后，再多的投资都于事无补。"三亿五千万"竟然没有能为才华的流失打上一个补丁。

做个好梦，不完全是心情，也需要物质基础。一张合适的床，洁净的被单，一只中意的枕头，都是好梦的前提。比方一只中意的枕头，就常常难求。自家的枕头睡惯了，自家的枕头肯定不是最高级的，但它是你进入梦乡最习惯的引路者。常常出差，更加感到枕头的重要，三星级也好，五星级也好，一只舒适的小枕头是梦的最好"补丁"。习惯不仅在枕头上表现出它的顽固，在梦境也会显现习惯的影响力。梦是最没有规定性的东西，梦几乎无可预测和变化无穷。把半生的梦回顾一下，也有习惯性反复出现的情景。"保留性"的梦境有两种，一种是无穷尽的考试，常常是看不清考卷上的考题，最看不清的是外语试卷。二是总有人向我宣布，组织上决定分配我到某个偏僻而陌生的地方，或是下放，或是插队，或是工作。这两类梦境最后都是在忐忑不安的紧张中醒来："真好，不是真的！"

考试恐怕是中国知识分子千年的噩梦，也许还是美梦。考中了，美！考砸了，惨！所以，当我再次从这种梦境中醒来时，我暗自庆幸："唉，总算到了不再为考试烦恼的年纪了！"不考了，对一个知识分子来说，也就是到头了，没有前途了。没有也罢，不再和考官玩猫捉老鼠的游戏，人生也自在了。另一种"等待分配"的梦，大概是我们这些与共和国同龄的人特有的梦境。我们这一代，从一迈入考虑人生的年龄，就不断接收如下的信息："服从分配"，"一颗红心听从党安排"，"毛主席挥手我前进"，"做一颗革命的螺丝钉，拧到人民最需要的地方"，"知识青年是块砖，哪里需要往哪搬；知识青年是片瓦，哪里需要往哪码！”……这些说法都没有毛病，但是这些说法对我们这代人共同传达的信息是：服从安排！服从谁？上级组织、某领导等。政治觉悟高不高？思想好不好？服从不服从，是头一条。这是一代人命运的基因，这个基因从宏观而言，是“计划经济”产物，不怪谁。随着计划经济退出中国历史舞台，随着社会生活的多样和多变，“分配”对年轻的一代就成了一个陌生的字眼，他们共同命运的关键词：选择——自主择业，双向选择，跳槽，竞争上岗，北漂一族，洋插队，海归……啊，这就是另一代人的命运基因：选择！这是另一种梦境的底色！

也许，对于我来说，这是必不可少的梦境的“补丁”，没有这个补丁，我将可能在未来的日子也生活在“过去”。谁来为我们这代人下载这块“补丁”？谁也靠不住，只有自己，从自己开始，从现在开始，继续有梦想的日子……

9

前些日子成都市邀请我参加一个诗歌活动。杜甫草堂外的浣花溪旁，辟出了个开放性的诗歌公园，我们出席公园剪彩仪式。草堂已经成了繁华的闹市区，一幢幢崭新的楼房，将草堂围在中心。草堂变得像进城的乡下人，怯怯地坐在高楼新宅中，保持着安静，唯有安静是草堂最后的尊严。也许这安静也有价，门票六十元一张。于是爱进公园喝茶打麻将的成都市民，难得迈进这个高贵的去处，而把草堂留给外来的游客，让他们在静静的草堂里听杜甫的诗，也发一点天地之悠悠的感叹。

我的感叹不会远回唐朝，只回到半个世纪前。那是刚解放不久的成都。草堂寺、百花潭与浣花溪，这几个毗邻的近郊好去处，是成都市民春节“赶花会”和春天踏青的地方。这片成都西郊的风景地，是我童年记忆的导游图。我与母亲住在锦城西南的“将军衙门”附近，向西就到青羊宫。青羊宫是一座道观，它名气大，因为每年春节“花会”在此举办。青羊宫边隔溪相望百花潭。刚解放时这里是个小型的动物园，从青羊宫到百花潭，一条浣花溪相隔，那时没有桥，用木船架起浮桥，过桥收门票。我第一个幼儿园“成都育才保育院”，就在百花潭后面。周末回家和星期天返园，都要路过百花潭。动物园里关小动物，保育院里关小朋友，大概“同命相邻”吧。青羊宫还算是城区，尽管是在城外挨着老城墙。百花潭多了一道溪水与城墙相望，一派乡下风景。再往西行，就是杜甫草堂，老成都人都叫草堂寺。原先这里有一座寺院，后来香火少了，名气也压不住杜甫了，草堂寺也就改叫杜甫草堂了。当年杜甫在此住了三年零九个月，此后自唐以来，代代修葺扩建，到清代嘉庆年间重修完成，形成现在这个规模，成了一座很了不起的园林建筑群。小时候我常常在草堂里游玩，原因是父亲所在的大学位于草堂西面的光华村。解放后，旧大学进行调整重组，十三所大学和专科学校合并成“四川财经学院”，父亲在这所学校担任领导工作。四川解放后，父母从武汉一起进川，分别在川南两个地区工作，父亲在乐山任专员，母亲在内江任地委宣传部长。1952 年后，父亲调进成都组建大学，母亲也进了成都，但已被错误地处分，开除了党籍，降为成都市教育局的中教科长。父母也因此离了婚。我和姐姐就经常在“将军衙门——青羊宫——百花潭——杜甫草堂——光华村”这一条路线上来回往返于父母之间。

那时，这条路线就是野外远足的乡村郊野路线。公共汽车只开到将军衙门西面一站的通惠门，再向西就出了城。我们平时和母亲住在一起，寒假和暑假才到光华村，住在父亲处。老百姓往来行走，只有两种交通工具。独轮车也叫鸡公车，多运货物用，也坐人，人坐在车头，推车的人在后面推。这种车走得慢，载重大，压得独轮叽叽咕咕叫，得了“鸡公车”的名字。另一种就是人力车，成都人叫黄包车，坐起来比鸡公车舒适，两个车轮也大，拉车人一溜小跑，也快。一般人外出难得坐它，相当于现在的高级出租车。成都人称之为“黄包车”，可见价钱不便宜。我们姐俩去父亲学校度假，母亲就要叫一辆黄包车。坐黄包车去光华村，相当于今天的出租跑长途了，是件大事。母亲总是在街头认真挑选，一是慈眉善目的老实人，二是要身板好的年轻人。找到车子后，母亲总是再三叮嘱，然后记下车号和车夫号衣上的号码才扬起手与我们告别，一直在街边望着我们远去。

那时，从城里到草堂再到光华村，很长很长的路，路上行人也少。沙土的马路，没有铺柏油，难得有汽车开过。偶尔有一辆车开过，就会扬起满天尘土。汽车真少，汽车也没有汽油，驾驶舱旁挂着大炉子烧木炭，边跑边喘，一口气上不来就抛锚。这样的车，一路上也见不到几辆，不过两旁田野茅舍，“锦里烟尘外，江村八九家。园荷浮小叶，细麦落轻花”，也真是童年记忆中的美景！

如今，杜甫草堂变成了城市中的盆景。高楼如云，车水马龙。站在这里，真的找不回我的童年了，还有那个记黄包车车号的母亲……

10

身份认识也许今天不是个问题，但是它曾是每个中国人首先面临的大问题：我是谁？我从什么家庭出生？我的身份是什么？

我们这个年纪的人，都从一个特殊的年代走来，这个年代的最大特征，曾是所有登记表上的一个小栏目“家庭出身”。现在所有的登记表上这四个字见不到了，而那时，在户口本、学生登记表、干部登记表，以及所有需要填写的与人有关的登记册上，都有这四个字。

它说明，你是从哪个“阶级的一个家庭”中出生的，也是说“你的父母”是谁。也许“家庭出身”今天也能对一个人的一生产生影响，穷人家的孩子与富裕人家的孩子，同样是上学读书，但起跑线不一样，富人家从小是钢琴电视，穷人家从小是拾粪捡柴！同样是考上大学，富人家是锦衣玉食，穷人家是半工半读！但这种出身不同所体现的不同，是条件的不同，而不是机会的不同。大概这种不平等会在漫长的历史时期存续下去。

而我们这一代曾经填写的“家庭出身”，是从一出生就留下的阶级烙印。我记得，天天讲人与人是平等的，而实际上“家庭出身”这四个字就把人分成了三六九等，不是因为你的过错，而是因为你“生”得不是地方。地主、富农、反革命、坏分子、右派分子，简称“黑五类”，父母或父母的父母属于这个范围的人，大概就运交华盖难翻身了。它不是起跑线不一样，而是各有各的跑道。考大学先“政治审查”，许多大学和许多专业就不准“黑五类”的子女报考。如果父母中有被关押、管制劳教和判死刑者，简称“关管杀”，那么一般说来，无论是考试成绩如何优秀，早就在档案里写上了“不宜录取”，亮了红牌！

新中国刚成立，激烈的内战刚结束，不讲阶级不可能巩固政权。首先要分清敌我，分清对垒的两个阵营，因此，弄明白你是从哪里来的当然无可厚非。但是，战争结束了，地主的土地分配给农民了，资本家的工厂公私合营变成集体的了，“家庭出身”这四个字反而越搞越邪了，直到搞出个“文化大革命”，搞出个“红五类”的红卫兵大搞“红色恐怖”打砸抢。而在官方的书面语言却说“出身不能选择，道路可以选择”，把出生在这些家庭的孩子叫做“可以教育好的子女”——天哪，现在听到这句话更感到荒唐，它的潜台词是："你一生下来就有污点，当然也许你可以洗干净"！

改革开放是思想解放也是中国人再一次的解放，无论是对"黑五类"还是"红五类"，中国公民，在法律和政治上重新得到了平等的权利和机会，尽管在经济和文化上的平等还需要巨大的努力才能实现。但"家庭出身"这四个字在登记表上的消失，抹去了上千万人心上的阴影。

我深感这个阴影的存在，不是因为我是"红五类"或是"黑五类"，而是我处在一个十分奇特的境地。父母早年投身革命，使我的"家庭出身"一栏填写的是"革命干部"，但是母亲在进城不久，就因在土改中对"左"的做法提出了意见，被打成了"阶级异己分子"开除出共产党，从宣传部长的位置一次次运动到了处长、科长和中学教师的位置。如果运动来了，或是我的校长老师对我不感兴趣，就按家庭有问题对待我。如果没搞运动或者环境好一些，我就是干部子弟或老红军的儿子。我记得一个细节：在"三年自然灾害"后期，毛泽东重新强调"千万不要忘记阶级斗争"。被下放到大凉山当一名师范学校普通教员的母亲，星期天步行二十里到县城里，领购困难时期给"红军时期老干部"的营养补助：一斤猪肉，两斤黄豆，一条香烟。回到学校后，晚上又熬夜给"工作组"写检查材料，因为她被工作组定为"三类"人员。一类是依靠对象，二类是团结对象，三类是争取对象，四类是打击清理对象。"为了你呀！"母亲最多就这么向我解释她无穷无尽地写检查和交代材料。这种自己不知道自己是什么角色的日子，终于在"文化大革命"爆发后结束了。父亲也被打成了"黑帮分子"，虽然"家庭出身"一栏依然填着"革命干部"，但红卫兵和工宣队明确我的身份是"可以教育好的子女"！

就像从一条摇晃的船下了岸，站稳了，面前是一座荒岛！

“可以教育好的子女”！我真正对中国文字感兴趣，也就是从认真体味这八个字开始！老百姓说话，骂人不带脏字，这是最好的一句例子！红卫兵们(昨天还是我的同学和我的朋友们)对我用那时流行的语言向我解读了这八个字：“你算个什么东西！”“给老子夹着尾巴做人吧！”“你以为你是什么人？当心老子收拾你！”其实，想明白了，也就踏实了，比无着无落地晃着好！听说犯人最不踏实的心里发慌的是在宣判前，宣判了送到牢里了，也就睡得着觉了，因为大牢里关着的不只是他一个人，多了去了！我信，我被人叫成“可以教育好的子女”后，很快如同解放了，一是这类“子女”一大群，不只我一个，人家能活我也能活。二是什么时候算是教育好了，不由自己说了算，着急没用，干脆想干啥就干啥！我第一个决定就是：拉上几个“可教育好的”走出去给他们瞧瞧！那年 10 月，我与同班的三个同学，在学校贴了一张大字报《我们也要见毛主席》，带着背包开始了我们的步行长征。大凉山里的西昌是当年红军长征经过的地方，于是我们以“长征宣传队”的名义，戴着红袖章(自己做的)，扛着红旗(从学校宣传队拿出来，请人扎上‘长征宣传队’几个黄布大字)，走上向北京的路。

其后四个半月，我们走完了六千七百里路，在第二年春节前，走到了北京城，住进挂着“革命师生接待站”的牛街糖坊胡同废品收购站。这个废品站的牌子我记得很清楚，因为我觉得这几乎是个命定的黑色幽默：废品收购站其实也可以叫做“可以改造好的物品召回站”！

缘分啊！……

11

说到运动，我就想到灯灭了的情形。

灯灭了以后会发生什么事情呢？先讲一个古代包公破案

的故事。说是包大人抓到了几个疑犯，无法断定在这几个疑犯中谁是真凶。于是，在这一天，包公将几个疑犯上衣脱去，光着上身，关进一间黑屋子里。关进去后，对疑犯宣布："尔等将双手放到这张桌子上，不准乱动，上苍受包公之托，在灯灭了之后，会在你们中间一个人的背上，留下犯罪的证据。"说罢，转身离去，牢头吹熄了灯，关上了门，一片漆黑。过了半个时辰，包公带着牢头，打开牢门，高举灯火，对着其中一人说："你是真凶，给我拿下！"众牢头一看，那人背上留下了许多黑色斑迹。原来，包公在桌上抹了一层黑灰，几位疑犯手放上去，便沾上了黑灰，真凶心虚，用手遮掩自己的背，于是留下了证据。这是一种游戏，它的心理依据就是"做贼心虚"。

灯灭了以后，会发生什么样的故事？现实生活中，还有另外的真实。现在的年轻人没有经历过"运动"，要讲"运动"很难讲清楚，于是我想用"灯灭了"再讲一遍。在阶级斗争为纲的"左"的路线影响下，每个单位隔不了多久就要搞一个运动，每次运动都要抓出几个阶级敌人。于是情形就有点像这样一个场景：一群人被带进一间屋子，"包公"是上级派来的工作组长，而所有的人都还不知道自己的前途。组长开始讲话："我们要团结百分之九十五以上的群众，抓出一小撮坏人，我们相信大家，会大胆揭发这些藏在我们中间的……"于是，这群人每人都发给一支饱蘸墨水的笔。灯灭了，一片寂静。再打开灯的时候，有那么些人的身上，便被人涂满了黑色的墨迹。这是另一种游戏，它的心理依据就是：你不是坏人吗？那么你必须找出一个坏人。你不下地狱吗？那么你推一个下去！这是对人性恶的公开煽动。只是在公开场合运动的主持者冠冕堂皇宣扬的是"勇于与坏人作斗争"。这种游戏潜在的依托是大多数人的自私、软弱与冷漠！

一次又一次，灯灭了（文件说是"运动"开始了）。上一次是发一支笔给你(文件语言是“发动和依靠”你),下一次就是让你把手放在桌子上(文件语言说是向你“交代政策指明出路”)。事情当然不像我说的这么简单,但是事情确实如我说的如此荒诞。记得“文化大革命”结束,日本电影《追捕》在中国上演,引起轰动。也许,今天再次上演,绝对不会轰动甚至只会引出哄笑。那是因为刚刚走出“文化大革命”的中国人,也刚刚走出被“运动”追捕的心理阴影。电影中,被关进疯人院的主人公被人诱导跳楼:“跳啊,高仓跳下去了,唐塔也跳下去了,向前走你就会化入蓝天白云……”这是影片的经典片段,经历了那个年代的人都会记住这组镜头。别人为什么记住,我不清楚,我知道我为什么记住,是因为我生活中有另一组真实的画面——1967年,在“文化大革命”武斗和造反派闹得最厉害的秋天,在四川成都,当时的政权“四川省革命委员会筹备小组”和“支左”的军事代表,将正在被批斗的厅局级以上的干部集中在锦江宾馆办“毛泽东思想学习班”。从造反派批斗的牛棚进到宾馆,也许让这些人有喘口气的日子。我父亲当时和一些大学校长们都住在宾馆七层。我借住在父母一个老战友家,走十分钟路就到宾馆门口。不让见面,但却能传出消息。消息说与父亲同室的四川医学院院长写着检讨时,一步跨上桌子,开窗就从七楼跳下去。消息还说另一位成都大学的副校长,从七楼走到楼顶从顶楼跳了下去!我不知道这个“学习班”里发生了什么事。锦江是四川最好的酒店,却让在这里“读书学习”的人选择了跳楼!我不知道该怎么办,从那以后,我每天没有事,就围着锦江大楼,在马路上“散步”。不知道父亲能不能看到我,我想他万一在推开窗的时候看到我,会知道我为什么在这里,我希望他活着……

灯灭了,黑暗中的人会因为懦弱,做出伤害自己或伤害他人的事情。但毕竟许多人都挺过来了,挺过来的原因很多,有一点很重要，心中的灯没有灭。这灯，也许是自信，也许是良知，也许只是亲情，只是黑暗中亲人的温暖的手甚至只是亲人远远的身影——灯就亮着！

我的思绪更多的是回忆了，它比任何其他的指针更有力地提醒我："你已不再年轻了。"回忆的片段像残垣断壁，让人感到几分苍凉，也让我感到几分欣喜。因为有这些片段，我的生命不再是一个符号，我所经历的岁月不再是一个"年代"或一场"运动"，我重新审视自己，也想从中发现生命的意义，一个平凡生命的片段，重现在海滩是一只贝壳，重现在岩石里是一块化石，重现在文字里又会是什么呢？

回首皆风景
——命运长曲中的十三小节

另 种 忆 旧

深圳的作家协会主席李兰妮，一起开会时，送我一本她的新著《旷野无人——一个抑郁症患者的精神档案》。读了，受益匪浅，这个世界还有这么复杂的心理问题。我觉得，我还不是一个抑郁症状严重的人，但我也想给自己当一回心理医生。那些幼年受挫感最强的事情，抑或是让人一辈子难忘的事情，细细思量后才知道那叫尴尬的事情，想一想，还真有那么七八件。

头一件，是兔子的事。那时还没有上幼儿园。随父母南下，住在长江边的小城泸州的一个招待所里。解放初期，招待所里都是穿军装和列宁装的人。我们是从武汉沿长江入川，在泸州上岸，父母在等待分配工作，在招待所里住了不短的时间。招待所不大，一幢小楼一个小院，大人都忙，没事可干的，只有我，还有所长的一群小兔子。记得小兔子，是因为出了大事故。

小院的墙角堆着一堆空木盒，好像是电灯之类电器的包装盒，整齐地码放在墙角，也成了我的玩具。一天，正玩小兔子住楼房的游戏，把一只只小兔子放进木盒里，再把木盒子原样码放整齐。正玩得开心，大人叫，便跟着大人出行了。大概过了好几天，所长见到我和母亲，说道：真奇怪，小兔子不见了，跑了，还是叫人抓走了？听到这话，我突然想起几天前把小兔子塞进木盒的游戏，自己害怕，大哭起来！后果很严重，死了不少小兔子。我开始知道人是会做错事情的，自己也会是“坏孩子”。

第二件事是蛮蛮的事。我随母亲到了成都，还没有办好进保育院的事项，便和同院的孩子一起玩。邻居与我差不多大小的男孩叫蛮蛮。那时，逢年过节，天上会有飞机撒传单，红红绿绿的纸头，在半空中飞舞，十分好看。那时老百姓没钱订报纸，有收音机的人家没几户，所以政府用这种办法搞宣传，一是喜庆，二是把口号和政策印在传单上，也让老百姓知晓。传单一在半空中飞，孩子们心里就痒痒。传单下面的街巷里，总是一群群的小孩追着传单跑。蛮蛮从小没出过院子，我却没有“院子”的概念，拖着蛮蛮便和一群大孩子一起去追传单。不知道跑过了多少巷子，和蛮蛮也跑散了。我捏着几张传单回到院子里，所有的人都在问我：“蛮蛮呢？”蛮蛮丢了，找不到家，后果很严重！全院子的人忙了两天，那时没有电话，没有广播，没有报纸，只有去一个派出所又一个派出所。还没有等蛮蛮找回家，母亲赶紧把我送进了保育院。等到蛮蛮从派出所找回家，我却进了保育院，那是所有孩子开始失去欢乐的地方。

保育院在一所老宅里，主人原是个大官，宅子不小。插班进去读中班，没有多少人理会我，一个人在一群人中间，比独自在家更孤独。这一天，还出了个事故，因为没有人告诉我厕所在何处。保育院是临时在这所老宅里，新保育院正在郊区修建，所以，厕所是在一所大房子里放一排小马桶，早上孩子起床第一件事就是坐马桶。我是新来的，不知道这个特殊的厕所，好不容易找到放马桶的房，还挂上了一把锁。后果很严重，我拉在裤子里了，这件事让我大失面子，让班里小朋友嘲笑了好多日子，让我知道融入“家”是真好，家里不会发生嘲笑自己的事情，而融入一个新集体是件不易之事，第一课就是在嘲笑中面对陌生的脸。

第四件事情，是上育才小学一年级。我发现我前排的那张桌子比我的好，还有一个钥匙扣，我立刻动手将这张桌子换过来。第二天，前面那同学发现自己的桌子被我换了，便与我打了一架，他个头比我大，我吃了亏。老师也不向着我：“怎么见着好的东西就想要？别人的桌子好，那也是别人的，知道吗！”后果很严重，开学第一天，这就是学校第一课：自己喜欢的不一定是自己的，这个世界除了自己，还有许多“别人”。

育才小学是省政府的子弟学校，学生都住在学校，学校有两种管理学生的人员。负责管理生活的叫阿姨，阿姨大多是南下干部的一些文化低的家属，她们岁数大，对孩子也厉害，孩子们都不喜欢她们。教书的叫老师，老师都是部队文工团和青年学生中招进来的，老师年轻漂亮，比方说我们的雷老师是从部队文工团转过来的，班上的同学都喜欢她。我的母亲有次出差到北京开会，星期天是她带着我逛街，和漂亮老师一起在大街上走，开心地忘了周末没有人接的滋味。后来我们发现有一个男的常来找她，同学们十分讨厌他，也觉得雷老师是个“叛徒”。我二十年前写了一篇小说《星星的河流》，就是写小男孩的这段经历，不叫失恋，也不叫失意，反正后果很严重，知道世界上还有这样的事情，你喜欢的人会去喜欢你不喜欢的人，而你没有办法改变它。

这些事，都可以说发生在“不懂事”的童年，大人们原谅了自己，就是用“还不懂事，是个孩子”这句话做理由。然而“不懂事”，其实是很严重的问题，后果很严重，别人可以忘记，可以不说，可以不追究，但自己却不会忘了，因为这些事，让我觉得做得不好，也很没有面子，让自己看不起自己。重要的是“懂事以后”还会做错事，让自己真看不起自己。想起来，有一件事终生难忘。那时是读中学，学校里搞运动，发动学生给老师贴大字报，我是班干部，工作组要求干部要带头。怎么办？写老师“反党反社会主义”？不行！写什么呢？于是写了一件事，到老师宿舍交作业，发现已经毕业了的高年级女生躲在老师的门背后，我就写了这事，批评老师对同学“有亲有疏”。后来才知道，这比“反党反社会主义”后果更严重，“反党反社会主义”可以从宽，我说的这件事，工作组兴趣盎然，直查到老师和那位毕业了的学生结了婚为止。这件事，老师还是用“不懂事”原谅了我，但我觉得其实我完全可以不写这屁事嘛，为什么写？那时候，比这严重的事情“和父母划清界限”这样的事都做了，也并不觉得做错了，因为那是一种“表态”，是父母要求自己做的，是“革命多年的经验”，因为只有这样才能为困难中的父母做事和帮助他们。但这件事，真的是“不懂事”，因为自己已经不是“孩子”了！“不懂事”这三个字，对于一个孩子是理由，对于一个少年是“责备”，对于一个成年男人则将是不可原谅的鄙视！

不要做事后会让自己看不起自己的事——这就是童年那些执拗不肯让我忘记的小事、大事、糗事，其中的自责、无助、尴尬、失意和酸涩，一次次在提醒我……

蝈蝈、骨牌和草蛇

我最早的自我游戏，有点像砌搭多米诺骨牌。那时，父亲在大学任职，很大的房子，很空的家，很少的人，少到经常就我自己在家。平时，我与父亲不住在一起，我上寄宿学校，周末回到母亲那里，母亲在城里的机关上班。只有放假了，才到父亲那里住一段时间。父亲所在的学校，在成都西郊的光华村，50年代初，就是建立在乡间田野里的一所大学，连学校的围墙都是竹篱笆。大部分的校舍都是平房，最初还有不少草舍，到了1956年和1957年，才变成了青瓦盖顶。1957年那年夏天，到父亲那里度假，就像下乡，住两层的小楼，一出门，完全是乡村景象。父亲身边一直配有警卫员，给大学校长配警卫，可见天下大定不久。警卫员姓张，叫张余祖，后两年又改叫通讯员。下班没事了，就带着我们捉蝈蝈，抓知了。那时的蝈蝈真多，一早出去能抓几十只回来，把蝈蝈放在玻璃窗和纱窗之间，那是最好的蝈蝈笼。蝈蝈爱叫，晚上一起叫起来，能压过外面的蛤蟆声浪。我就在窗户上拴一个小棍，一头捆上绳，绳的一头引到床头。晚上睡觉，被蝈蝈的百家争鸣吵醒了，拉一下绳头，咚地敲响了窗框，霎时万马齐喑，继续睡太平觉。在乡下度假，鸟啼蝉鸣，风清气爽，常常睡得是上三竿不觉晓，醒来，恨那大好时光昏昏然过去，不甘心。于是便在闹钟上下工夫，不仅要有响声，还要有动静。那时闹钟都是机械型，小铁锤当当地敲钟上的小铃，叫“双铃马蹄闹钟”。在闹钟小锤上系一根丝线，线的另一头摆着一排骨牌，骨牌的另一头，放个皮球。铃声一响起，丝线一抖动，骨牌一个接一个地倒，骨牌先是被动挨打，然后又去打击下一张骨牌，传递着力量和不安，最后一张骨牌把力量传给皮球，滚动的球最后砸在脑门上，起床了！这是孩子的游戏，我从这个游戏中发现我的智慧，我觉得我能当物理学家。那阵子，我爱读苏联版的《十万个为什么》。

张余祖这个通讯员的名字能叫我记住，实在是个奇怪的事。许多更熟的同学、同事和朋友，名字都忘了。他只是和我度过了两个假期，竟然烙印一样忘不了。因为他会捕蛇！晚上他带我出去散步，手里总是提着细竹棍，专门用来打草惊蛇。他说不小心踩上草丛里的蛇，会有危险。有一回，草丛中惊了的蛇，它不逃走，反而向张余祖扑过去。说时迟那时快，他手一挥，捏住了蛇的七寸，将那青蛇提起来，一扬臂远远地丢到小溪那头去。后来，他告诉我，他父亲是卖跌打刀枪药的郎中，专门抓蛇、蝎、蜈蚣等毒虫制药。他从小就抓这些虫豸，习惯了。

这本来是件不大的事，但对一个小孩，印象深刻。印象再深，能记住他的名字，还在于那个夏天不平常。那时，在校园里散步，看见教室里常发生激烈的争论，争得白热化了，就会有人被架到讲台上，低头听别人的呵斥。后来才知道，学校在搞"反右"斗争了。多年来，一说到"反右"，常有那句"引蛇出洞"，于是，我就想起那个郊外乡下的晚上，那个能抓蛇的张余祖，那个他爹教给他的打草惊蛇的"夜行人"。

"引蛇出洞"要比打草惊蛇更具政治斗争的色彩，更"阳谋"，这种事情，是不能干第二次的，无论是谁！蛇在洞里，蛇不伤人，何必伤之？有毒无毒，一律灭杀，是蠢是诈？何况，一旦世上蛇被捕杀，必使鼠辈疯行无忌！我觉得更重要的是，那个夏天，在我的记忆中，有两点真值得反思。一是我小小年纪，怎么就想到把所有的蝈蝈关进纱窗里呢？一面是玻璃窗，让蝈蝈们感到风景如画前途光明，另一面是纱窗，让它们空气清新自由呼吸，一旦蝈蝈们放声歌唱自由争鸣，我又给它们敲一棒子！二是我小小年纪，怎么也会玩骨牌游戏？看"令如山倒"，一倒都倒，被人打击者，再去打击别人，谁都是链条中的传递者，这不是在建造一种"机制"吗？

那个夏天过后，我再也没去这所郊外大学的校园里度假了。第二年，我的母亲从省城下放到偏僻的大凉山"锻炼改造"，一年后，留在了当地师范学校当一名语文老师。母亲回不了省城，我也坐了三天的长途客车，去了大凉山，和母亲做伴，在大山深处开始了底层少年的生活。

我童年生活最后一个夏天的记忆：蝈蝈，骨牌和一条草丛里的蛇。

喝凉水

人生的境遇有时真的很难说清，说不清就把它叫做“运气”。斯文的说法：“运交华盖欲何求，未敢翻身已碰头。”老百姓的大白话：“人倒了霉，喝口凉水也塞牙。”喝口凉水也塞牙，说得够透彻。

喝凉水也塞牙的经历，前半生遇到过，不是比喻，真是喝凉水引出的故事。

头一回，是纷至沓来的坏运气，让我从“蜜罐”掉进了“凉水”里。说是五十年前，刚上小学不久，上的是四川省政府的干部子弟小学“育才小学”，育才小学与原来的“延安育才保育院”有点瓜葛。上小学我是从保育院直接升上去的，保育院不是延安的那所，叫成都育才保育院，也是供给制，穿的是小皮鞋，发的是毛呢小大衣。在50年代初，一个政府公务员每月伙食费就是六块钱的时候，这所学校算是有资格的“贵族学校”了。校长是延安来的老革命，慈眉善目，说话慢悠悠地：“我们打天下为了谁呀？就为了你们这些下一代呀！”在这一群下一代中，我算半个。因为母亲在这个时候，已经被开除了党籍，降为教育局的中教科长，父亲还在“领导干部”的位子上，所以，进了这所学校。在学校是一样的，周末放学就不一样了，大多数同学都由小车接走，我和同班的纪小平结伴走回家的时候多，记得他的父亲是省委机关卫生所的头头，没有坐小车的资格，而我回母亲处过周末，离学校不远，走半小时就到了。两个小朋友自由自在地逛街回家，是很开心的事情。路上也有不开心的时候，遇到其他学校放学的小学生，我们的校服一下子就让我们成为嘲讽和讥笑的对象：“小皮鞋嘎嘎响，龟儿的老子是官长！”“育才小学，没有脑壳，装个醋罐，酸得牙脱！”附近小学的孩子们都会唱这种针对“贵族学校”的民谣。为什么脑壳换成醋罐子呢？因为我们一半以上同学的父母，都是晋绥南下干部，他们食醋的喜好，大大提升了这座城市食醋的需求，也给这座城市鲜明的味道刺激！这种穿到孩子身上招摇过市的“特殊化”，在1957年开始的“整风运动”开始后，首当其冲。我第一次听到了“八旗子弟”的说法，很快地学校作为整风成果停办了，我们分别转到了不同的学校。我和另一个同学赵小明转到了二师附小，这是市重点小学。我从进学校开始，就像“充军”的囚徒，也像前些天的“非典疑似病人”，天天受训，姓廖的班主任挂在嘴边的四个字就是“八旗子弟”。这是人生第一次感到落差，也许这是极正常的社会情绪，小学生嘴里的民谣和廖老师唾沫四溅的训话，都是有道理的，只是不该让我们来“纳谏”而已。如果故事到此完结，就不算倒霉，更没喝上凉水。事情很快急转直下。整风变成了反右，反右的下一幕是“下放锻炼”，我的母亲不是右派，但“犯过错误”的历史，让她也下放到大凉山去当一名中学教师。母亲下放后一年，眼见她短时间回不了省城，于是我转学去了大凉山，陪伴孤身一人在边远大山里的母亲。这是我人生最重要的转折点，我曾经有过的一切都消失了，我进入到一个我从来不知道的蛮荒边地。从成都到大凉山的西昌城，要坐三天的长途汽车，第一天到达了雅安。这是原西康省的省会，一座十几万人的小城。“大跃进”后的头一年，在成都还没有闻到灾害的气味，在这座边城，餐馆里已经没有米和面条供应了，所有的食物都是红薯：蒸红薯，煮红薯，红薯馒头，红薯包子。弥漫的红薯味现在想起来都有一种可怕的预兆，在饥荒到来之前的警告食欲的气味！第二天到达了大渡河边的石棉城。大渡河让人想到石达开，特别是老道奇客车在险峻的半山掏出来的公路上爬行，旁边是湍急的大渡河，不能不想到石达开。石棉是座矿区的小镇，因为附近有个石棉矿，便有了这小镇。小镇的小旅馆还没有电灯，昏黄的油灯下，可以看见满是污渍的被褥。我感到远离城市的恐惧，这一夜没有脱衣服，和衣躺下，直到清早听见旅店外的汽车引擎发动的声音。是啊，这一辈子天南海北走过不少地方，但这一次旅程终生难忘。有了这两天沉闷而又寝食难安的旅程，当我到达大凉山的西昌城，荒凉和贫寒的景象好像已经不再让我吃惊了。母亲在距县城十多里的师范学校当老师，我就在附近的乡村小学读最后一年的书。一年后，我因为长期腹泻回到成都看病，医生问："吃饭好吗？喝水清洁吗？"

我老老实实地说，在西昌，大家每天都吃两餐饭，早上要饿到十点，在学校上完两节课放学回去吃饭，下午放了学早早地吃晚饭，真不习惯。还有，从来没有开水喝，就喝山上接下来的水槽里的水。医生听完我的话，对陪我看病的大人说，不用吃药，每天吃三餐，喝烧开的水！而这两条，在1960年的西昌，一个下放到山区的中学教师的孩子，答案是办不到！

不到三年的时间，我从"贵族学校"的住宿生，变成大凉山深处山区学校的喝凉水的孩子。当时我有选择：寄人篱下地留在成都，还是回到大凉山继续喝凉水？我选择了回大凉山，我对劝我留下的亲人说："不就是'水土不服'嘛，喝惯了，也许就会好了。"是啊，我遇到的第一个人生问题，竟然是"喝凉水"！是不喝了？还是要把它喝得"服水土"？半个月后我再次独身返回大凉山，去陪伴母亲。作出这个决定的那年我十一岁。

街坊、同事和故事

老北京人挂在嘴上的"街坊"，和一般人的邻居不一样，大致属于"亲友"这个范畴。因为胡同窄，门冲着门，抬头低头都要见，彼此也有个照应；也因为四合院变成大杂院，几家人住一个院，共用一个水龙头，上一个茅房，谁家有个事，一院子人都知道。“知根知底”，就是这么来的。现在，住的条件好多了，住楼房，就是一个单元门里的邻居，谁也不认识谁，电梯里碰上了，打个招呼，电梯门一开，就各人忙各人的了。各家忙各家的，当然有各家的故事，只是现在讲文明了，不打听别人的事，甭说别家的事了，就是自家的孩子，问多了也不行：“这是我的隐私！别问好不好？”人与人呀，不知根知底，也就远了。远得比电视剧里的人家还要远。以前同事们聊天，东家长西家短，就自己的街坊也能说一堆故事，现在可好，一见面，说《我爱我家》，说《双面胶》，说《空镜子》，一年又一年，好像电视剧倒是全体居民的街坊了。没办法，哪家人的客厅里没请来个大爷，那絮絮叨叨的大爷名字叫电视。

说街坊变远了，同事也一样，以前的同事，就是“一条战壕里的战友”，上班在一间办公室里办公，下了班在一个食堂吃饭，回家坐一辆单位的班车，就是家也是单位筒子楼里门挨着门。虽说早些年搞运动多，今天领导发动你批判我，明天我跟着新领导揭发你，心里结了疙瘩，但打断骨头连着筋，还得一起上班，一同坐车，一道排队买饭，斗来斗去，也是在“一条战壕里”。因为有这些事情，所以谁都知道谁的底细，知根知底，心里结着多大的疙瘩，遇到事还是首先找同事。

想起这个话题，是今天突然想起了母亲的几个同事，那时，我还是个孩子。母亲在我十一岁的时候，从省城下放到大凉山，在一所师范学校当老师。那时的大凉山基本上可以概括为四个字：穷乡僻野。我与母亲做伴也到了大凉山。有多荒凉？记得头一个月，学校前的马路上就发生了抢劫案，学校的会计到城里领了工资回校，半途便被两个学生劫了道，杀人灭口。学校建在半山坡上，山上的花豹钻进猪圈咬死了猪，花豹拖不动肥猪，便在圈内饱餐美食，吃饱了，竟然不能再从猪圈木栅栏钻出去，被人生擒了。门前有盗匪，后山有豺狼，头一次身处如此险恶的环境，便对身边的人特别关注。母亲的同事中，大多是当地的教师，也有不同凡响的人物，让人终生难忘。一位是学校的音乐教师，气度非凡，高挑美人，在这荒山僻野就是仙女下凡。她和母亲关系很好，常到家里与母亲聊天。她没有男人，却带着一个小女孩，小女孩不像妈妈，两条眉毛又浓又黑，像个男孩。那时总有运动，还时兴写大字报，一来运动，老师们的事就被好事者们写成大字报贴在墙上。写音乐教师的大字报总是用“糖衣炮弹”代替她的名字。问母亲，母亲说：“别信那些，这是个不平凡的女人，读大学时，与学校一位地位很高的人发生恋情，有了这个女儿，为了保护那个男人，她主动申请支援边疆，来这儿当了老师。”这个女老师让这蛮荒之地，充满了一种温馨气息，让我从盗匪和花豹的噩梦中走出来，发现这里满山遍布着黄色的紫色的小花。后来，在“文化大革命”时期，一位头发斑白的男人，来学校里，先找我母亲，后来又与这位女教师见了面。他就是那个女孩的父亲。那次见面后，这位高级干部将女儿接回了省城，而音乐教师依然孤身一人，终老于大凉山这所平常的学校。还有一个男老师，对我母亲很好，因为我母亲在北平读书时，参加过“一二·九”学生运动，他总是这样对别人介绍我母亲：“张老师就是林道静！”这位男老师是个混血儿，老爹是美国人。男老师喜爱游泳，学校前面有个大湖，让他十分开心，每天上完课就泡在湖水里。他能在水底潜水行走，这让我十分不解。他力气也大，学校里凡有义务劳动这类事情，他一个人能顶三个人。他像个大男孩，也爱和孩子们一道玩。我问他：“你为什么不去找你爸爸？”他笑着说：“他是帝国主义！”如果说音乐老师像个仙女，这男老师就像个洋人王子，这穷乡僻壤之地也就有点“绿野仙踪”的味道了。只是很快地男老师就离开学校了。不久，三年自然灾害也影响到这里，学校一天就开两顿饭，一顿饭每人一个馒头或半碗蒸饭。这位体格硕大的老师,以前一餐就要吃四五个馒头,熬了几个月,实在饿得受不了,他便给那位美国老爹写了信。不久，上面便给他办好了所有的出国手续。看来,他那个爹还是个有权有势的人物哩。临走之前,他来向我母亲告别:“大姐,不是我不爱你们,我实在太饿了,真的。”就这么说的,告别词简单得让人想忘也忘不了。

这两人是我母亲的同事,也算是我的街坊。当年在大凉山深处,一所学校里就有这么多奇人奇事,真是世界上幸福的人都是一样的,不幸的人都各有各的故事。在生活的底层,每个人都有一个生动而不平常的故事。只是我,也许还有我们,离它们越来越远了。门对着门的邻居,我们也许连名字都叫不出来。这是一种安宁,互相的尊重,也是一种平淡,淡得像电梯间浅浅的一笑。同事也是如此,上班在一起,下班各奔东西,这当然是一种进步,不再运动和战斗了,也就不再是一个战壕里的战友了。每个人也有自己的故事,但它在笑容和问候的后面,在礼节性的会议室年终总结背面。浮在上面的是规定性的动作,开会、签到、写一千字的总结,还有今天,新领导到了,寒暄,握手,读简历,介绍政绩,干干净净,套话和平庸的微笑。真让人乏味！也许这也是一种代价,互相尊重,保护隐私也保持距离,生活变得平淡而安宁。于是我们只好坐在沙发前,成了电视剧的街坊和同事，因为，生活如果没有故事，还能叫生活吗?

故事总在生活的深处，对了，作家们讲的老话“深入生活”,故事在生活的深处,那么,从哪儿深下去呢？从敲邻居的门开始,还是从拿着个本坐在会议室采访先进事迹开始……

故事在水波的底下

眼前是一派波光荡漾的湖水，湖面不算宽阔，因为四周的高山环抱着它，所以，我们站在山坡上，能清晰地看到这高山湖泊的边缘。四周的高山，湖边的坝子田野，构成奇绝的美景。说这湖不算大，走一圈也有百十里路。望山跑死马，在高原这句话一定要记住，因为高原抬高了我们的视线，所以我们看得更远，因为高原的空气更加清澈，所以远处的风光好像就在面前。连那天空的云也格外美丽，高山气流多变，云的姿态也丰富而多变，而且轮廓分明，有观光者到这里，就是为了看云，叫做观看高原云象。我站在这里，看到的和同行人不一样，因为他们是初来的客人，而我是重返少年的时光，也就是说，是四十多年前的岁月。那时，我的学校就在这座大庙里，现在大庙修葺一新，进门要收十元钱门票。而我在这所大庙读书的时候，大庙破败得只剩下几个泥菩萨了。山脚下的西昌专科学校办起了附属中学，没有校舍，就把我们这近二百个初中一年级的孩子送进了大庙，不是出家，也不是习武，坐在菩萨的旁边读书。

不知道那些和我一起在大庙里与菩萨一起读过书的孩子，还记得大庙里的故事吗？我曾在一篇叫《老庙》的文章里写过它，写它的破败与荒凉，写它墙缝里厉害的臭虫和山门外的花豹，当然，留给我印象最深的是，它让我记住了一个饥饿的年月，站在这油漆一新的山门外，一阵饥饿的疼痛又咬住了我记忆的引线。怎么让您体会到一个孩子曾有的饥饿感呢？好哟，讲几个我永远不会忘记的细节吧。

半勺玉米粒。那是一个下午，我和两位同学被指派参加勤工俭学劳动，协助食堂管理员去城里拉一车粮食回来。从学校到城里有十五里路，人力板车空车去，一人拉两人坐，不累。回来时拉上三四百斤大米，管理员在中间，叫做驾辕，我们各在一侧帮助拉，也还行。不算累，但出了力，就更饿，傍晚回到学校，一人一碗菜汤，比平时不参加劳动的菜汤稠，有菜叶了。主食是煮玉米粒，一个人四勺。打饭的大师傅后给我打，打第四勺时落下去几粒，师傅又给我添了小半勺，大概就二三十粒。如果是大米就数不清了，玉米粒大，能数出来。大师傅把碗递到我手里的时候，同行的那位同学突然放声大哭，把在场的人吓了一跳。“怎么了？”同学依然大哭，委屈得直抽搐。问了半天，他才说：“我，我为什么，少，少了半勺?！”也许今天的人听了会觉得太小气了，但那天管理员很认真地调查了此事，我们俩都没有动筷子，用一杆小秤，把两只碗里的玉米分别称了。大师傅手真准，两碗玉米竟然差不多一样重！这才相信了大师傅解释“破例”多加半勺的原因。在饥饿成为每个人每天最强烈感受的时候，半勺玉米让一个男孩号啕大哭是所有人认为十分正常的事情。那时所有的学生都在学校吃饭，八个人一桌，每天值班的同学负责分饭，分饭的工具是一杆自己做的小秤，像中药房抓药，把米饭分进八只形状各异的碗里。这是一件很严肃的工作，如果一个人当值之时分饭不公，耍了小聪明多占了别人的便宜，这是最大的事情，他会没有朋友：“这个人连分饭都要搞鬼！”

饥饿让人变得小气，也变得没有尊严。这是一件让我回忆起来都要脸红的事情。大概是过国庆了，山下的专科学校领导上山来看望学校里的老师。老师也在大庙里住，老师也吃食堂。山下的领导给老师们带了几斤肉、一些干海带和干菜。那天中午老师第一次不在大食堂打饭，而是在老师开会的小会议室聚餐。也就是三桌人，每桌有一碗肉、几碗菜，主食是每个人面前一碗米饭，分量比平时多一点。今天看来，这是太正常不过的小聚会了，过节嘛，领导来慰问嘛。但那天的情形完全出乎人意料。所有的同学都不去食堂了，都围住小会议室，里三层外三层。我也傻呆呆地站在会议室外的院子里。没有人召集，把所有学生召到这小会议室前的是肉香味！是进了学校就没有闻到过的肉味！都是十二三岁的孩子，闻到这肉味就傻傻地站在那里。1960年的国庆，我一生都不会忘记，从老师的会议室里飘出来的肉味。也许反差太大了，一座古庙，一群孩子闻到了肉味。也许今天的人永远不会明白，其实，我可以说出当时孩子们的心情："多香的肉味呀，为什么没有我的，哪怕一片肉，哪怕一勺汤？为什么？"孩子们不会明白坐在里边老师们的心情，静静地站着，一分钟又一分钟过去了。会议室里的老师没有一个人动筷子，会议室外的孩子没有一个人说话。空气都凝固了。最后是一位女教师忍不住了，她哭着从会议室跑出来，打破了这场可怕的沉寂，结束了"包围会议室"事件。记得后来人们用这样的话，讲述肉香引起的"安静的骚动"。

这就是我的初级中学，一座古庙给我的记忆。今天我站在这修整一新的"名胜古迹"面前，青山在后，碧水在前，而记忆就像面前湖水波浪下的鱼，重新游进了我的生活，那半勺玉米和可怕的肉香味引出的"安静骚动"，让我再一次回到1960年：一个坐在泥菩萨旁读书的孩子，他眼前的青山绿水都没有引起他的注意，他在看从窗缝里投进来的那缕阳光，那阳光再挪两寸，就可以吃午餐了……

一根干瘪的胡萝卜

晚上看电视，电视里又出现了那位说东北话总是饰演母亲角色的老演员，妻子说："这演员真像咱家老太太，老太太真是个心善的人，我想到那个困难的时候，周末为你留的只有一根干瘪的胡萝卜。"她说完这话，一下子弄得我俩都沉默了。老母亲去世多年了，妻子一下子说起干瘪的胡萝卜，又把我引回到四十多年前……

这根干瘪的胡萝卜，让时光回到了四十多年前。那时，我和母亲都在大凉山的西昌生活。母亲是从省城下放到大凉山"基层锻炼"，下放后遇到三年自然灾害，无人过问，母亲就一直在大山里一所师范学校当老师，我也从省城去了西昌，和独自在大凉山的母亲做伴。三年自然灾害时期，我就近上学的"西昌专科附中"只办了一年就撤销了。学校撤销，农村来的同学失学回乡，学校里少数城镇户口的学生便安排到其他学校读书，我去了川兴初级中学。西昌是川西高原中的一块坝子，也就是四周高山围起来的一块小盆地，盆地的中央是叫邛海的湖泊，这使西昌有了高原明珠的美誉。母亲所在的师范学校和川兴中学隔湖相望。在20世纪60年代初，交通十分不便，我从家去学校，只能走田埂小道，老乡说，这段路有三十多里，我每次回家，都要走三个多小时路。

这根干瘪的胡萝卜让我又走上了那三十多里的田埂小道。学校是周六下午放假。川兴中学是川兴公社办的农村中学，几排干打垒的房子，再加一个平整出来的操场，便是学校，我刚去的时候，学校连围墙都没有，四周都是农田。有一条不长的土路连接进县城的公路，公路也是土路，没有铺柏油，也没有公共汽车。学校到城里有十五六里远。从县城再到母亲所在的师范学校也有土石公路，还是十五六里。起初从学校回家，胆子小，走到一半天就黑了，所以要走公路回家，公路上虽然没有灯光，但总有来往的行人车辆给自己壮胆。那时候，不光是怕黑，还怕狼，当地人叫狗豹子。不仅怕狼，还怕山上的彝民，大凉山民主改革在1958年才进行，在此之前奴隶主下山来抢人当奴隶的事，还让当地老百姓心惊肉跳，家里的小孩一淘气，大人就吓唬："还不回家，下山抢人的来啰！"那时，我才是一个十二岁的孩子，要在荒郊野外里走完三十多里路，实在是

"弟弟你大胆朝前走",没有人给我唱这支歌,只因为路的尽头就是家,就是想了一个星期的妈妈。我在这路上走过了两年,越走越大胆,到后来就不走公路,沿着湖旁走田埂小道,这样会省两三里路,同时,走小路心里紧张,脚下的步子自然也急,总觉得能早些回到家里。直到今天,还能回想起那些田埂小路,那些蛙鸣和月色。能够为我的心境还有当时感受到的山野风景相呼应的有两本老书,一本是艾芜先生的《南行记》,一本是作家高缨的散文集《西昌月》,艾芜的是经典风光,苍凉而清凄;高缨的是在西昌深入生活之作,浪漫而绮丽。两种情绪糅在一起,就是在大凉山乡村中学读书的叶延滨每个周末步行三十多里回家的心境。

这根干瘪的胡萝卜让我回到了那个漫长而饥饿的乡村中学生活。三年自然灾害时期,中学生有每月27斤粮食的供应,由于没有肉、糖、油、蛋等副食品,27斤粮食分配到每天就是每日三餐共九两食品充饥。到了周六最后一餐的时候,不同家境的同学就会有不同的举动。家境较差的同学,平时吃饭时,常把自己定量的食品让给其他同学,说好周六的时候"偿还",这些同学到了周六吃饭时,就会"收回"平时省下的米饭,给家人带回去。家境好的同学,就会把这一餐"还给"平时多吃几口"借饭"的同学,空着肚子回家去,吃家里的晚餐。西昌是山区,在三年自然灾害时期,靠湖的农家能偷偷下湖捉鱼,生活比较宽裕。靠山的农家,能上山采蘑菇、拾山货、打野味,过日子也能有点油水。苦的是种粮的农民,还有城镇居民,有钱也买不到吃食。周末回家,母亲总要给我留一点吃的东西。开始还有糕点,后来只有些杂粮饼干,到了最困难的时候,我记得母亲从抽屉里拿出来的是一根干瘪的胡萝卜。胡萝卜都放干瘪了,可以想得出来,母亲早早地就留着它,给周六回家的爱子。

母亲是个不平凡的女人,她出生在东北大粮商家庭,不愿当亡国奴到北平参加“一二·九”，从此投身革命，历经磨难从不向命运低头。她被下放到大凉山的日子，那时我们国家在受难，我们这个家也在受难，何等艰辛凄苦，千言万语难尽。在抽屉里只能为儿子留一根干瘪的胡萝卜，这个细节，把一切都重现在我的眼前！

细节，就是生命蓄存的文件密码，一根干瘪的胡萝卜，对于我，就是生命中一段难以忘怀的岁月和亲情中永远温馨的母爱。而我们的文学艺术家们，成功的秘诀也在于此，用你真实感受过的细节，作为生命密码，去启动读者生命中珍藏的那一段生命记忆……

细雨霏霏中的碉楼

往事像阴雨天里的蘑菇，一簇簇的，又分不清，于是你觉得你是一棵老树了，老树与细雨也许就是人生一种境遇。电视上正在播广东省开平的碉楼申报世界文化遗产成功。前年去广州，专程到开平去看过碉楼，那是20世纪初年，在海外发了财的华侨，回到故乡盖的洋房。一部分人先富起来了，绝大多数的人还在饥寒交迫中挣扎，“一个脚印里站三个贼”，富起来的华侨成了盗抢的对象，无奈之中，一幢幢富宅盖成了碉堡与洋房的结合体。这是建筑中的怪胎，也是半封建半殖民地的旧中国一个畸形的文化产物。

与碉楼相似的建筑，我在童年时见过，那是在大凉山的西昌。我是1959年到西昌的，随下放的母亲从省城到了西昌。1959年，对于中国人来说，是“反右运动”和“大跃进”的结束，以及“三年大饥荒”的开始。而对于大凉山则是解放军刚刚平息了彝族反动土司的暴动，结束了奴隶制进行民主改革的时候。关于这段历史，老作家高缨写过《达吉和她的父亲》，当年还拍了电影，故事是说一个被彝族土司抢去当奴隶娃子的达吉,终于见到了自己的汉族父亲。电影拍得还美,与电影呼应的,是我在西昌处处都看得见的高高的碉楼。西昌的碉楼与开平的碉楼无法相比,典型的“土楼”。西昌碉楼有三四层高,每层只有一间房的大小。碉楼紧依着老百姓平时生活的用房,拔地而起。碉楼的地基是用石头垒起来的,石头地基上的墙体是土坯砌成的土墙。修建碉楼,就为了防止土匪和山上的彝族土司,土匪抢物,彝族奴隶主抢人,抢去就当奴隶娃子。西昌现在是大凉山彝族自治州的首府,在我到西昌时,还是汉族聚居地区,汉人生活在平坝里,彝人生活在四周的高山上。民族之间的矛盾深浅与冲突大小,可以从村庄的碉楼数目显现出来。童年时光,从大都市来到边地,夜色朦胧中,那些高高站立在村庄之上的碉楼,让我感到呼吸的空气都充满了恐惧。

这些石头和土坯建成的碉楼,给我留下很深的印象,因为新奇,也因为高原的风雨让它们满目疮痍。自从西昌解放后,民族间的隔阂还没有完全消除,但彝人土司下山抢劫的事情基本上没有了。碉楼没有枪炮留下的创伤,却经不住风雨的剥蚀,像一个苍老的守望者站在高原的阳光下。我常常着迷地望着碉楼,在阳光下,它褐红的土墙凸凹不平,粗糙而又沟壑密布,让人感到它已经站得饱经沧桑而不愿说出它的故事了。每一个碉楼都会有它的故事,虽然是土楼,又在穷乡僻壤平凡得像这里的石头和泥土,真的,就不过是一些石头和一些泥土因为一个愿望聚集在一起而已。碉楼旁长满高原的仙人掌和霸王鞭,这些热带植物,表明这里有漫长的干旱季节。旱季的大凉山河谷地区吹着燥烈的风,这些风把西昌吹得长满了仙人掌和霸王鞭。这些风把大山也吹成两副面孔,阳面迎风光秃秃焦黄,阴面则被森林涂满墨绿。不过,西昌除了旱季还有淫雨霏霏的漫长雨季。老百姓说了,西昌只有一场风,从大年初一刮到年三十。老百姓还说了,西昌无四季,下雨便是冬。

我是在一个雨季住的碉楼，那是秋天收割庄稼的日子。秋天，西昌的雨季把这里变成了最冷的日子，我所读的初中，奉命下乡去支援人民公社的秋收。住进村里，生产队把我们安排在碉楼里。进入高高的碉楼，爬上扶梯，四周光线很暗，碉楼没有我们通常的窗户，只有五寸见方的"通气孔"，从里面能看到外面的情景，但小得连头也伸不出去。碉楼高也就不潮湿了。窗孔小，也就不冷了，铺上一层干草，我们便打开背包，在碉楼里住下了。全国的灾害造成粮食的恐慌。西昌这个西南高原腹地的坝子，没有什么自然灾害，但要向灾区调拨粮食。粮要调走！这消息在农民中传开，出现了瞒产和隐藏粮食的事件。派我们"支援秋收"，就是在各个要害位置监督生产队"颗粒归仓"。至今难忘，我站在霏霏雨水中，头上戴着一只斗笠，高高挽起裤腿，赤脚站在田埂上，看着农民在雨里收稻，脱粒，然后挑着一担担湿漉漉的新谷子，送到粮站去。在送到粮站的泥泞道路旁有我的同学，在粮站收谷的水泥晒场也有我的同学，在烘干湿谷子的现场还有我的同学，直到这些谷子装上"支援灾区"的大货车。

这是一个最漫长的雨季，那些雨丝一直停留在我的记忆中。这也是一串最漫长的夜晚，那些日子，在碉楼里睡觉和休息，没有电灯，昏黄的煤油灯也只在睡觉前点亮一会儿，滴滴答答的雨声浸透梦境……

前两年，我有机会再次回到大凉山，我认不得眼前的西昌城了，这座高原小城变得和内地的城市一样。特别是那些石头和土坯砌成的碉楼从眼前的风景中消失了，消失得像梦，也像云。比起高原的云，碉楼竟然更梦幻。云彩虽不是当年的云彩，但依旧有高原云彩的风貌，形态万千，轮廓分明，变化无穷。而那些碉楼，却好像从来没有在这块高原坝子上站立过，只是在细雨霏霏的梦里，才那么亲切地成为记忆中的风景。

童年最重要的十件事

每年到了暑假之前，中国的孩子们都忙着应考，考大学不必说了，全中国的媒体也跟着起哄，就连进幼儿园读小学也要考，真是要命的事情。世界是我们的，也是你们的，归根结底是你们的，所以从幼儿园开始，独生子女们就肩负着爷爷奶奶妈妈爸爸全部的重托。每当这时，我就想到自己的童年，考试真的那么重要吗？我想了在我记忆中十件仍然重要的事情，考试只是十分之一，而且不独占一项。哪十项事情呢？

第一，有朋友。无论是在幼儿园还是学校，最重要的事情是有朋友，有了朋友，这个地方就是天堂就是乐园，无论是在都市还是在偏僻蛮荒的山区。记得学会的第一个游戏和儿歌"找呀找呀找朋友，找到一个好朋友，敬个礼，握握手……"没有朋友的时候就感到这个世界遗弃了我。第二，养小动物。养过蚕、兔子、狗、猫、蟋蟀、蝈蝈。养蚕的经历最重要。读小学是住宿制，在小纸盒里喂蚕宝宝，没有桑叶了，母亲到乡下摘了桑叶送到学校，这个记忆让我感受到母爱的细腻温馨。喂养成小动物让我心有挂念。第三，收集心爱之物。孩子们心爱之物和大人不一样，比方说收集过香烟盒、糖纸和邮票。香烟盒收集了可以在和小朋友游戏和赌博中作为"战利品"。为了集攒邮票，经常省出午饭钱和点心钱去购买心仪的邮票。第四，读书。读文学作品。小学读当代长篇小说多，初中读外国小说多，高中后开始读散文（尽管现在人们说我是诗人，坦率地说，读诗最晚，是"文革"中开始，只是已经不是孩子了）。读书与我的学习成绩关系不算太大，所有的考试，包括高考，我的语文成绩总是最低。第五，捕捉。逮过鸟，比方说麻雀，用弹弓打下麻雀好像只有一次，但打碎玻璃的次数要多得多。钓过鱼，跟一个叫小涛的大孩子有一个夏天常在河边钓鱼，我认为这是最漫长枯燥而无聊的事情。网过蝴蝶，捉过知了，逮过蜻蜓。说真的，那时候怎么那么多鸟，那么多昆虫？第六，探险。喜欢做一点冒险性强的事情，大概是读“历险记”读出来的，在城里，常自己跑到从没有去过的街区去，在乡下常钻到没有人去的荒芜的地方。最早一次是读小学，住宿制学校的后院原是一个军阀的公馆，公馆大宅地基很高，台阶下没有地下室，四面都有通风的洞口。趁着老师不注意，几个同学悄悄打开洞口的栅栏钻进地洞。阴暗潮湿的地洞凉气逼人，横在地面上的洞口里还有竖井，爬到井口还有回声……我记得那时孩子们常常互相叫板：“你敢去吗？”胆小的孩子在孩子堆里没地位。第七，打架。我不是一个爱在街头玩闹的孩子，但也有打架的经历。我刚从省城随母亲到大凉山时，城里的孩子到了山里会被捉弄。山里的孩子都有圆鼓鼓的后脑勺，我的后脑勺是平的。那些乡下岁数大的孩子一遍遍地用手扒拉我的头，我急了，回手推了这家伙，结果被人家打得鼻青脸肿。童年打架的次数没有五次，但次次记得清，忘不了。第八，转学。转学和升学的经历不一样，升学是大家都是新面孔，虽然有熟悉的过程，但彼此都有认识和交往的愿望。我小学转过学，从省城转到山区，虽然已是六年级，但这一年留下难忘的记忆。初中也转过学，三年自然灾害，办在县城的学校撤销了，只好转到乡下的农村中学。我们城里转过去的几个学生，面对乡下中学的新生活：要自己种菜，要上山割草，每周有一天半是劳动课，而且记工分。真是脱胎换骨的事情。咬牙坚持下来了，虽然只能勉强完成劳动指标当不了劳动模范。与此同时我是学校里学习最优的尖子生。在这所名称“川兴中学”的农村初中，我有了当全校第一的体会和自信心。自信心十分重要，有的孩子是名牌小学进名牌中学再进名牌大学，但没有当过第一名，没有拔尖的自信心，一生的成就也会有限。第九，受表扬和受处分。先说受处分。在初中，因为淘气，捉了许多金龟子虫放到旁边的寝室里，一群金龟虫飞扑灯火，其状十分好玩。遇上值班老师抓了现行，第二天当了整顿的典型，被撤销了少先队大队长职务。受表扬要多一些，三好生呀优秀生呀，记不住。最难忘的是数学课《三角函数》阶段考试，两小时的考试，我半小时完成交卷。老师一高兴，宣布："下面由叶延滨继续监考。"这事够有面子。也有人说："是不是那老师正好有事想去办？"也许。但对我而言，这事件比发奖状有成就感。第十，崇拜亲人。人一辈子总要有个榜样，孩子更是如此。我从小就崇拜我姐姐。她上过《摇篮》电影里那个延安保育院。她到了省城，头一天上课，班上的男生扯她小辫欺负她，被她按在地上揍了一顿，母亲只好让她转学。有次在家里追着玩，门上的大玻璃在她胳膊上划了个大口子，她一声不吭，用另一只手捏紧伤口，自己坚持走到了医院……现在的孩子多是独生子女，在亲人中很难找到崇拜对象，所以当他们晃着光闪闪的小棒对着不男不女的歌星大叫大嚷的时候，请理解他们。

我知道，今天的孩子长大了，也会记住对他而言重要的童年往事。肯定与我说的十件事不一样，也肯定与父母们为他设想的更不一样，没有两片叶子是一样的，何况是将要替我们看管这个世界的孩子们。

开　始

开始是很重要的一件事，而且并不会有一个规范的模式告诉你会怎样去开始，回过头来看，许多经历过的事情，"开始"也往往会出乎意料。

有知道我经历的人，知道我插过队，下乡当过知识青年，但看到我的一些简介中说我当过生产队副队长，有人心里嘀咕："他又不是回乡的青年，城里的学生，下乡能当队长？"我在延安山沟里的村子插队，前年，也就是说，在我离开插队的那个村庄三十五年之后，两位写诗的朋友，陪我一起回那个山村看望当年的房东。他们听说，我离开那村子虽然只回去过一两次，但全村老小，没有不认识叶延滨的。“不可能，现在的年轻人没见过您，怎么认识呢？就说老人吧，三十多年了，还记得当年一个知识青年娃？”我没回答，只说到了再看。汽车在山沟里拐来扭去，还是一条土路，只能过一辆车。到了村头，正是晌午，远远地在地里有两个老汉在锄地。同行的一个朋友，上前去打听我那房东：“水萍家在哪？”一个老汉看了他一眼，没回答他的话，扭头对身边的另一个老汉说：“满库，你看，那不是延滨回来了吗？”之后的事情可以想见，感动得这位朋友，一个劲地用照相机拍照，在他自己的博客里把照片全都贴上，还加了个标题：“叶延滨回家”。

朋友问我：“说说怎么混上队长的？”我笑了，我说了下面这段体会。知识青年到农村，你会说会写会唱，老乡们虽说嘴上夸你，但心里觉得那都是应该的，你不是在城里长大的嘛！夸是夸，但看不上你，他会用又苦又累的农活来证明“你不如我”，“你该听我的”，“毛主席说你们是来接受再教育的嘛”。我在下乡以前，曾在一所农村中学里和农村孩子一起生活了两年，我最初在学校里常受欺负，说实在的，乡下孩子欺负从城里“下放”到他们中间的城市孩子，和城市孩子捉弄乡下孩子一样，花样多着呢。我那时学习成绩最好，没用！见识比他们多，也没有用！后来，我能和他人一样打赤脚，一样喝沟里的凉水，一样在劳动课上山去割一捆高过头顶的茅草回到学校，直到这时，我才成了这所乡村中学里同学们的“班头”，我到期末上台领考试第一名的奖状，同学们才用鼓掌代替了以前的嬉笑口哨。这个经验让我懂得农村孩子和他们父母内心的自尊与骄傲。我在村里干了一年，第二年我在春种的时候，连续干了五天这个村子最重最脏的农活“拿粪”。什么叫“拿粪”?就是在胸前挎一个大筐，筐里盛满人畜的粪肥，跟在犁地的人后面，一边走，一边将粪土和种子一把一把地掷进前面刚犁出来的犁沟里。牛在前走，扶犁的人在牛后，拿粪的人跟在扶犁的人之后，组成一个联合作业流水线。在这个流水线上，最累的是拿粪的人，负重跟随着牛播种施肥，还要不断跑到地头，将空了的粪筐再装满粪肥，然后回身赶上犁地的那头牛。这样一天下来，就将负重行走几十里路。一个村里，能干下这活的不上十个人，都是年轻力壮的男人。我是知识青年中第一个干这农活的，打这以后，村里人夸我只一句话:“这娃能受！”这个“受”是“受苦”的简略，在当地是“有能力”的意思。这下子你明白了吗？能说，能写，不等于“能受”。也许，这是我在这个村子有别于其他知识青年的一个特点，让人记住了。

在我经历中，有一次“开始”是最没有准备，开始后却最后圆满结束的事，那就是“步行长征到北京”。那是“文化大革命”初期，我父亲被报纸点名打成了“黑帮”，我原是学校学生会的头头，变成了“可以教育好的子弟”，不能参加“红卫兵”也不能坐车串联去北京“接受伟大领袖的接见”。年轻气盛，我毕竟在学校里算是个人物，于是发起了“步行长征毛泽东思想宣传队”，要从四川步行到北京去见毛主席。听了我的鼓动，有十几个同学报名参加，于是做队旗、做袖章、印传单，热火朝天地准备上路。这件事惊动了校方和红卫兵组织，经过他们紧锣密鼓的思想工作，不到半天，只剩下同班的王守智、陶学焱、张云洲这三个人还没有退出我的“长征队”。他们没有退出，是因为他们还没有加入红卫兵，红卫兵组织还没有找他们谈话。事情紧急，我当天下午约了这三个同学，就在学校附近的王守智家中开会，大家商定，马上把旗帜、袖章、传单转移到王守智家，并在他家写好了《告全校师生出发宣言》。当天深夜，我们把“宣言”贴在学校的墙上，四个人背着背包，朝着北京，走上了“长征”之路。这一走，我们走了四个半月，从1966年10月走到了第二年的2月，直到走进北京虎坊桥附近的糖坊胡同废品收购站，收购站的大门上还挂一个牌子：串联红卫兵接待站。四个半月的步行，对于我们四个高中学生来说，餐风宿雨，翻山越岭，真可以写一本书。三年前，我回四川，高中同学见面，我们四个人还又在一起照相合影。人生可能这样同行一路，同行了六千七百里路的同伴不多。但说实话，这三个人在高中读书的时候，只是我的同班同学，没有特别的友情，更说不上是“铁哥们”。但就是他们，在那个特殊的年代，选择了与我同行，而且同行六千里路而不分手。我曾经的好朋友，那个时候有的参加了红卫兵，“不能不服从组织”，有的是“家庭出身有问题”这时候也不敢与我为伍。最后与我一道“开始”的三个同学，在此以前基本上连一次个别谈心都没有。我想过这个问题，有条原因我想到了，一是他们不是“革命小将”依靠的工农兵子弟，也不是革命打击对象的后代，不受重视也没有家庭不好的包袱，成了可以“自主选择”的人，而且作了选择。但是，今天回想到这一切的时候，我还是有些吃惊。因为，这就像今天经常在一个团队里做的信任游戏，闭上眼向后倒下去，你要相信你的朋友和同事，会伸出手接住你。是的，这是组成一个团队所需要的基本条件。回头一想，那一次“步行长征”组团，我也是闭着眼睛向后倒下去，我怎么也不会想到，我最信赖的朋友，我的平时交往的知己，都在那个时刻，因为各种各样的理由，没有伸出手来，而伸手接住我的是三位几乎没有交情的同学。

有时就是这样，你不知道会怎么“开始”。游戏是游戏，在生活中当你倒下去的时候，谁会接住你，你设想过，但事实也许完全不一样！重要的是，有些时候你也只能相信自己了，相信不会没有人伸出手来，只因为你，你值得让他伸出手！

赶太阳升起前

曾经有过一段非同一般却极其荒诞的经历。十八岁之前和三个高中同班同学步行六千七百里路，从四川的大凉山走到北京，这三个同学的名字是陶学焱、王守智、张云洲。几年前回西昌见到了这三位同学，还一起照了相。今天想起他们，是因为想起一个词："恋栈"。

老子有言："持而盈之，不如其已；揣而锐之，不可长保；金玉满堂，莫之能守；富贵而骄，自遗其咎。功成身退，天之道也。"讲的是急流勇退，见好就收，反之，则称为恋栈。恋栈之情浓者，一辈子占着一个坑，还用专一、献身、热爱之词当做花环摆在自己的面前，说得多了别人不感动，自己也感动，好像提前念悼词。很多事，说透了其实简单，比方对一切不知进退，死守活赖的行为客气地说出"恋栈"二字，很真切，又形象。

所以想到那三个老同学，就是想到那六千七百里路，用了四个半月，最重要的体验，就是每天和"恋栈"角力。长途跋涉，每天多则百里，少也六七十里。到了这天的目的地，吃饱喝足，用热水烫了脚，仰面躺下，休管是草堆还是硬水泥地，这六尺长两尺宽的地方就是天堂(是啊，跋涉一天腰酸腿疼，得到伸展休息的机会容易吗？虽说只是行程中的一站，与人生中之一驿，道理相同，都得之不易难舍难离！)继续前行的可能，就是与这样越走越强烈的"恋栈"情结角力。

我们的"长征"，只是一次小小的反叛行为。因为"文化大革命"学校不能上课了，因为毛主席接见造反的红卫兵，学校里家庭出身好的同学都得到一次天赐机会坐车上北京"大串联"。我因为父母被打成"黑帮分子"揪斗，其他三个同学的家庭也不够当红卫兵的资格。年少气盛，四个人在学校贴出一张"我们也要到北京见毛主席"的堂皇宣言，深夜背上行李卷，连夜北上。一路上害怕红卫兵和校方阻截，每到一地，都在凌晨三四点钟起程赶路。

凌晨出门行路难啊。梦中被闹钟吵醒，从热被窝出来是初冬的寒风，没有灯火的马路一片漆黑，一边走还一边打瞌睡……头两天这样走还行，因为害怕被抓回去。再往后走，就难了。谁不想多睡一会儿，谁不留恋热被窝？只是这样一来，几乎就没办法再走下去了。睡够了起床，再吃了早饭，就到了八九点钟了。走不了三十里，太阳当头，就该吃午饭了。下午在阳光下行军，十分燥热，到了住宿点，什么事也干不了，倒头睡觉。第二天更不想起床，越走越没劲头。于是四个人认真休整一天，商量是继续走下去，还是结束行程回家。面子当紧，回头丢人，那就必须确定怎么走。头几天每天最小行程都在八十多里路，最重要的原因，就是凌晨三四点钟起身上路，用前面的词来说，就是："绝不恋栈"！

凌晨三四点钟起程。天黑风凉，走起路来快，也不出汗。有时太冷了，背着的军用壶里装着烧酒，喝上一大口，寒气全消！等到天亮了，太阳出来了，已经行程近一半，走出三四十里路。吃过早饭，再走到中午最热的一点多时，就到了今天的目的地。午餐后，还能在乡镇上逛一逛。我们带了个行程本，每到一地，就到所在地的邮局，请邮局在我们的本子上盖上一个当天的邮戳。就这样，路也走了，每到一处还能在太阳下山前休整闲逛一下。天一黑，烫脚睡下，这样一天天下来，形成习惯，凌晨自然就醒了。

走完那六千七百里路是我和我的同学一生都值得回味的事情，那也是年轻人才可能去冒的风险。完成这漫长的旅程有许多的因素促成，比如说全社会都无事可干，比如说社会风气相对淳朴，比如说年轻人都有追星族的情结而我们那时追一颗"红太阳"，比如说我们没有退路却还想向红卫兵们叫板……在所有的可能中，最重要的一个细节，就是我们的长途跋涉建立在"不恋栈"的行程表上，赶在太阳出来以前，让眼前有全新的地平线，让身边有全新的风景，而且还有已经写在新的一天日志上的里程数字给自己的成就感。

我不喜欢也不想学那个坐在老牛车上的诗人感叹"夕阳无限好，只是近黄昏"。生活告诉过我，生活没有老子的《道德经》那样深奥，生活曾经就这么明白地说：离开焐热的被窝，新的开始就在太阳升起以前！……

漂泊的心迹

他曾是一个北漂。北漂，指那些漂泊在北京的知识阶层，所谓漂泊，就是没有正式的北京户口，不算正式的北京居民，但又不是打工的农民。那些建筑工地上的民工还有菜场里摆摊的人，不算北漂，叫打工仔，因为他们的根还在老家，老家有房有地还有祖先的墓地。北漂，没有根，没有老家，生活在这个城市，这个城市给他们一份职业，一个饭碗，一间出租屋，却不承认他们属于这个城市。也是，能怪北京吗？当年，毛泽东站在北京天安门城楼上宣布："中央人民政府成立了！"他说的是湖南话，但他不是北漂，他说这话，就是说共产党要在北京坐江山了。那时没有户口问题，那时，北京总共一百来万人，包括说湖南话的毛泽东在内。现在不一样了，北京正式户籍人口一千三百万，马路上跑的汽车就有3百万，是当年北京人口的三倍。这样，就在北京多了北漂族，处处都有他们的影子，他们除了没有一张户口纸，没有其他区别。今天他开车送我回家，他说："我是2000年来北京的，原先在江西一座中等城市的银行当职员，工作稳定，生活方便，我们那里比北京生活要舒适得多，北京办个事，路远不说，还堵得人心慌。我是那年借调到北京一家财经报纸工作，干了一年，当记者。到北京这一年，出差坐飞机，到哪儿开会采访，都有人待为上宾，小红包也多。干了一年再回去，就不行了，天天坐在柜台前数别人的钱，一个月挣一千多块，生活永远平静得没有希望，一个单位只有头头有点权，这有权的位子，几十个人瞪大了眼睛望着盯着盼着！一咬牙，辞职到北京，当了北漂。头一两年难啊，白天找工作，晚上没地方去，就爱站在大马路的过街天桥上，看那川流不息的汽车，看得心里踏实，嘿，要在北京扎下来，不就是有车有房吗？有了机会，什么都会有，北京有什么？就是有机会！”他说话底气足，因为他真的抓住了机会，在甘露园买了房，正开着的是别克车。他自信他不再被人视为北漂，名片上印着董事长。多大的董事长？甭管多大，有房有车有自己的公司，这就是北漂一族成功标准的三要素。

我祝贺他，打心眼里祝贺，因为他赶上了个好时候，能当北漂，敢当北漂。我虽然今天有一页北京户口，但我并不比他幸运。“北漂”这个词虽然表明他在这个城市暂时没有扎下根，但他能自由漂动，来到这个城市，换言之，自由是有代价的，但毕竟得到自由。我大学毕业，讲的是国家分配，两句话：“愿做革命的螺丝钉，拧在革命的机器上！”“当革命的一块砖，哪里需要哪里搬，当革命的一块瓦，哪里需要哪里码！”这两句话豪迈好听，但很重要是没有自由择业的权利，任别人来拧，来搬，来码！如果别人不要你动，你就动不了！我是在北京读的大学，大学毕业了，也有可能留在北京，但最后没留下，“服从分配”去了外省省会。这曾是人生一个伤口，听了“北漂”一席话，让我回到了1982年的那个夏天……

我在大学算是优秀的学生了，班干部，成绩全优，再加上写诗得了中国作家协会的大奖，毕业分配前，有五个单位向学校要我，就是说，在“服从分配”的大前提下，我有五个选择的机会，留校、去中央台、作协的刊物、报社、中央一家出版社，都是让人羡慕的好单位。大概命运有此一劫，一个记者弄来一些道听途说的材料，把我写进了该报的一份内参，一家当时颇有影响的报纸，准备把我当典型批判（前些天还看见这家报纸一位编辑回忆当年“思想解放”时提到他们当年怎样处理此事的文章，把组织对我的批判时内部的不同态度作为典型例子，借以感叹思想解放得之不易）。在当年，这可是惊天动地的大事。事情整整拖了两个月，最后把我分配到外省一家省会的文联。说实话，今天的大学生不会遇到我这种麻烦事。那时候，一旦有人以某种“组织的名义”对你作出不公正处理，你几乎没有选择和抗拒的能力。那时候，除了组织分配安排，没有人能为你提供工作机会！除了单位分配，你不可能找到一个住房一张床！没有单位出具的介绍信，连旅店都不让你歇脚！你想“漂泊”，没有这个词，只有另一个词：“盲流”，沾上“盲流”，后面跟来的是派出所、收容站和遣返的警察！

……北漂把我送到家，我向他告别，我的故事我没有给他讲，但我想，每一个人，其实都有自己漂泊在这个世界的故事，无论成功还是失败，重要的是努力过了，在你的努力中，有那么多值得珍惜的东西。

掉进坑底

这就是我的故事。我大学毕业离开北京，十二年后重回北京的故事。

我确信，这一回我是掉进坑底了。1983年秋天，在我上班的时候，我发现我的办公桌上有一张今天出版的省报，不知谁放在我的桌上，但我知道，这是不祥的物件。我拿起来，上面第四版是一整版批判我的文字，传言变成了事实，是祸躲不过。我眼前发黑，头脑嗡的一声，面前的这张报纸像一张巨大的电影幕布，上面的字都没有了，有的是我这两年经历的一切！

最早的根源是一场家庭纠纷，这种纠纷，放到今天几乎不可能有人关心和过问，只是那时“阶级斗争的弦”还绷得很紧，而我就成了精心寻觅到的活靶子。当时我还在北京上大学，因为是老三届的“大龄大学生”，我在班上是学生支部书记。我们这一代人，高中毕业就下乡下工厂，在底层摸爬滚打十二年才遇上读大学的机会，自当珍惜。虽然各家有各家难念的经，但书是好好读的，希望能够改变命运的时候好好搏一下。就在这个背景下，毕业前不祥苗头一件又一件露了出来……先是京城一张有影响的群众团体的大报的“群工部”打电话约我谈话。到了编辑部两位岁数不小的女编辑关心起我的家事，还再三询问：“您在信件和日记中说过爱情是需要更新的吗？”我不明事由，回答道：“这不是我想出来的，这句话是鲁迅说的，在《伤逝》里找得到。”两位对我的回答没有兴趣，但这次谈话是不祥之兆。

过了两天，接到写诗结识的好友高伐林的电话：“延滨，你要有思想准备，有人搞了您的内参。”在那个年头，这几乎就是等于医生对你说“你得癌了，回去想吃什么就吃什么吧”！好友高伐林要救我，冒险与我相约，交给我一份复印件。内参的是这样的基调，获奖诗人叶某人宣扬爱情必须更新的资产阶级腐朽世界观云云。与此同时，这张报纸开展“爱情必须更新吗？”的大讨论。怎么办？我知道在一场运动中不幸被选中当靶子了。困兽犹斗，我不能坐等受辱！我找到了学院领导袁方同志，她是延安参加革命的老大姐，袁方同志亲自带着有关材料到各个相关领导机构去解释澄清事实，尽最大的努力保护自己的学生。她对我说：“1957年那时候，有一个叫邵燕祥的诗人是我的同事，我没有能保护他。现在我会尽力保护我的诗人学生。”经过努力，那家报纸批判“爱情需要更新”的活动无疾而终。好像过了几年，这家报纸又在大谈“爱情必须更新”教育指引人们的家庭生活。虽然公开的批判停止了,但出于维护某些机构的体面,我不能在北京就业,必须到外省工作(写到这里,我向袁方大姐在天之灵致敬!在我大学毕业后最困难的时候,她把我写的《校园里有一排年轻的白杨》在法国卖了版权,她并亲自办理相关手续后,给我寄来六千法郎,她说,向我的学生道歉,没能把你留在北京……)。

在同年级的毕业生分配工作两个月后,学院派出系主任杨田春将我送到了那个省城。在省文院秘书长黎本初的办公室,杨主任介绍了我的情况,并表示如接收我有困难,他将带我回学校。黎秘书长表示愿意接收,完全没问题。他们俩热情地握手,我想,移交"战俘"的任务完成了,希望战争结束……

现在报纸就在手上,而且还有一家杂志用半本刊物的篇幅搞了个像批"三家村黑帮"的规模来批判我,多发行了数万册。报纸和刊物上的文章没有点名,所有的暗示都指向我,又不出现我的名字。这就是"政治运动策略"。两年来从北京到省城,朋友相帮,老师相救,最后我还是掉进"阶级斗争"最常见的"抓典型"这个坑里了。我必须冷静下来,我得摸清这"坑底"的样子:杀不了头,坐不了牢,最多开除,真开除也不易,材料里没一条"现行",只有言论与思想。连日记和通信都公开了,也就摸到底了,不就是羞辱我,让我没脸见人吗?到底了也好,也就踏实了!

二月河有句话说得真好:"人生最底层有一个好处,就是无论从哪个方向努力,都是向上。"那些少不更事的日记和书信都被当成羞辱我的利器公之于众了,还能坏到哪里去?掉进坑底只有一条,这个时候谁也帮不了你了,你必须自己对自己有信心。信心就是两句话:不可能更糟了,没有短处捏在别人手里。一是不可能更糟,这就是希望,就是翻身的起点;二是你的命运在自己手里,没有短处再捏在别人手心,这就是向上走的原动力！

我知道，整个机关这个时候都看着我，我暗暗地说："放心吧，我不会是这个院子这个秋天的落叶。"报纸上那个批判我的人化名"秋风"。

在这些看着我的眼睛中，有一双眼睛，她看着这个从北京发配来的大学生的一举一动：他读完批判他的报纸后，静静地放下报纸，一个人走出机关院门，一小时后，又回到院子里，理了发，手上还拿着一个包子，边走边吃地回到办公室。这个仔细观察我的人几年后成了我的妻子。

她不知道，在理发之后，吃包子之前，我还办了一件事。我过了马路到对面的省报大楼，找到了群工部部长："请转告总编，我要求报社对此进行调查，并公布调查报告。"这个调查报告至今没有公布。三年后，我被任命为刊物的副主编，分管工作的省委领导握着我的手说："不要再提调查报告了，本来也没有点你的名，任命你就是组织上最后的态度嘛。"

是啊，这就是人生，你从坑里爬出来了，而那个坑一辈子没有人帮你填上，让你常常回味掉进坑里的滋味，让你当心脚下……

一生最好的伴侣

这是突然发生的变故。我坐在这间小小的房间里，一间不到十平方米的小屋，一张床，一张写字桌和一个简易的书架，就成了我和母亲的新家。这间屋在一排平房的中间，平房外是一面山坡，从窗子望出去是青郁的树林，望不到山顶，而窗前最近的斜坡上，爬满了蔷薇花，让人忘记了这是远离省城的大凉山。这时我十岁，随"下放锻炼"的母亲从省城坐了三天的长途汽车，来到了这山区的师范学校。母亲是"一二·九"在北平参加革命的青年学生，不过解放后一直走背运，从部长变科长处长，从处长又下放到这偏僻的大凉山。说是下放干部的“带队”。母亲笑着对当地官员说，下放干部各有各的去处，我带什么队？让我当老师吧。就这样，这个十平方米的小屋成了我的新家。师范学校建在离县城十多里的山里，省城熟悉的生活一下子像雾气散去，没有公园没有商店没有电影院，进县城连公共汽车都没有，那些年刚好是“三年自然灾害”，寂寞荒凉的环境再加上初次体会吃不饱，日子一下子变得格外沉重。师范学校里我唯一可去的地方就是图书馆。那间不大的图书馆实在是我的诺亚方舟，我的救生圈。我读《斯巴达克思》，读《牛虻》，也读《青春之歌》、《青年近卫军》。真的，用饥不择食来描绘我的这段生活，应该是准确而形象的。学校里几个小伙伴，每天忙着上山打鸟下水捉鱼，而我捧着一本书就能忘了饥饿：“又到了食堂开饭的时间了，真快！”其实比饥饿更可怕的是山区封闭而枯滞的生活，从省城来的母子俩，而且这个母亲还“历史复杂”，异样的眼光让我领受到世态炎凉。埋下头，翻开书，那些眼光像水面的雨花消失了，我会进入另一个世界，罗马奴隶们的世界，亚瑟和神甫的世界，林道静和北平街头的风吹过我的额头。书真神奇，无论你是在省城喧哗的街头还是在大凉山蝉噪的寂寞山林，都会让人进入同一个世界，去领略另一种人生。由于严重的营养不足，我得了贫血，三年只长了两厘米。那是人生最艰难的岁月，但应该说也是读书最多的日子，记得图书管理员总是说：“还没有新书，下次吧！”书让我精神富足，而这一段读书生活影响我的一生。

这是十分险恶的境地。高中毕业不仅没考成大学，而且碰上“文化大革命”，文化很快变成武斗，大凉山的武斗因为正在修建成昆铁路，军队各支持一派群众，迅速升级成真枪实弹的“内战”。我参加的一个以西昌高中学生为主的学生组织，被围在学校一幢教学楼里已经两三个月了。三个月时间不说出校园，就是这幢大楼也出不去。干什么呢？我负责管理广播站，每天三次广播。小城依山而建，学校在城区最高处。挂在教学楼旁大树上有十八支大喇叭，叫起来全城都能听见。母亲知道广播站是我在管理，只要听见大喇叭哇哇喇喇地叫，她就知道自己的儿子还活着。广播站取了个超长的名字：西昌红卫兵1018战斗团为毛主席而战完蛋就完蛋广播站。老百姓都简称“完蛋广播站”。每次广播，对立面的枪弹就飞过来。时间久了，一支又一支的喇叭被打哑了，完蛋广播站的声音也越来越小。围困在大楼里每天除了听枪声和听死人的消息，会让一些人沮丧另一些人疯狂。能读的只有毛主席的书，毛主席的文章当然精彩，但是天天念，念了还唱语录歌，唱了又念老三篇。就像红烧肉，餐餐都吃，也让人消受不了。除了毛主席的书，还能找到的就是马恩列斯的经典了。我搞到一本列宁的《哲学笔记》。这书有用，像老腊肉经嚼，一天读下来，读不了三四页，那些费解的词和定义，让我气定神闲地待在被围困的大楼里喘气。有天下午，我正在那里嚼《哲学笔记》，母亲推门进来了。“妈，你不要命了，你怎么进来的？”“那边站岗的是我的学生，放我过来的。我昨天没听见你的完蛋广播叫，整夜睡不着，不来看看放不下心！”我听这话，眼泪一下冒了出来。还没等我说什么，母亲看见我打开的《哲学笔记》，笑了笑：“是我儿，能活着出去。好，我走了，那边站岗的换了人就过不去了。”母亲连一口水也没喝，转身离开了。我目送母亲远去的身影，此刻她走得步履轻快，她知道有书替她守着儿子，放心。

这是没有光亮的日子。知识青年插队下乡，我到了延安，住进了这孔土窑洞。这是一对老农民夫妇的家，也是最简陋的窑洞，山坡上掏出一间窑洞，没有钱买窗，就用土坯把朝外的洞口砌起来，只留一扇门，门的上方留两尺见方的窗透气。老两口住在靠里的大炕上，在门边盘了个小炕，我就睡小炕。我叫他们干妈干大,他们叫我干儿。老两口总是太阳落山就上炕睡觉,而我无论多累,总要在灯下读一会儿书。这个与众不同的习惯,让干妈格外地高看我,她认为虽说这是从城里放到乡下的可怜娃,但“落难人”还能挑灯夜读,必是贵人。有一天,缠着小脚的老太太步行到十里外的公社,为我买回一盏有玻璃罩的煤油灯,照得土窑洞明晃晃的有了人气人影。这件事让我永生不忘,1980年我参加《诗刊》举办的“青春诗会”,诗会专号上刊登了我的成名作《干妈》,其中一章《灯,一颗燃烧的心》,就记下了这段灯光照亮的岁月:“穷山村最富裕的东西是长长的夜/穷乡亲最美好的享受是早早地睡/但对我,太长的夜有太多的噩梦/我在墨水瓶做的油灯下读书/贪婪地吮吸豆粒一样大的光明!//今天,炕头上放一盏新罩子灯/明晃晃,照花了我的心/干妈,你何苦为我花这一块二/要三天的劳动,值三十个工分!//深夜,躺在炕上,我大睁着眼睛/想我那关在“牛棚”里的母亲……//‘疯婆子,风雪天跑三十里买盏灯/有本事腿痛你别哼哼!’/‘悄些,别把人家娃吵醒/年轻人爱光,怕黑洞洞的坟!’/干妈,话音很低,哼得也很轻……//啊,在风雪山路上/一个裹着小脚的老大娘捧一盏灯……/天哪,年轻人,为照亮人走的路/你为什么没有胆量像丹柯/——掏出你燃烧的心?!”诗句永远留下了这盏灯,留下了这灯照亮的那些没有光亮的日子。

写下这些与书相伴的故事,是昨日几位老工友来访引起。我应邀到西安参加第二届中国诗歌节,几位三十多年前一起在秦岭山区工厂工作过的老知青,看到报上登了我的照片和采访,一路打听找到我住的宾馆。当年一起工作的小青年,都老了。正在与我交谈《延安文学》的主编阎安,也有兴趣地与他们攀谈起来。谈话间,老朋友章明对阎主编讲起我离开工厂调回四川的故事:“那天是我送延滨上火车站。托运的三只大木箱也是我帮他捆好的。车站问:什么东西?我说:书。车站的工作人员咧咧嘴,没一个人相信。争执起来,硬要我们打开。那箱子太大了,一米长,半米高,两人才搬得动,重新开箱再捆上容易吗?吵了半天,没办法,像打赌一样,围上一群人盯着看,铰断铁丝打开一个箱子,全是书,再打开还是书。这时车站的人说,别开了。我还是把第三个箱子打开,全是书。这事在县城传开了,可给咱们厂的年轻人争面子了。"这件小事,我都忘记了,过了三十多年,老朋友们还记得,让我不知说什么好。曾经读到过阮葵生的两句话:"无事此静坐,有福方读书。"联想起与书结缘的这些细节,我觉得热爱读书不仅是我的福气,对我而言,也是命啊。

月光如水

——人生随感二十一题

茶会凉

身在普陀，天高风清，海蓝山青，心情一下子放松。

这些日子过得挺累，总在为单位的事烦心，好像总有解不完的疙瘩，虽不出力，但费心劳神。也如赶路的人总在看前面的路标，顾不得擦一下头上的汗，仿佛天下最大的事情就是搁在手心里的那点事，捏出一把汗来。

其实，都一样。人人都有一本难念的经，别以为自己遇上的是九九八十一难之中的头彩。在法雨寺，人头攒动的香客，每一张虔诚的脸上都让我看到一个故事的封面。我是在寺庙里待过多年的人，不是出家，是上学。我上过的一所小学曾在一座旧庙。我的初中也是在山上的大庙里，现在那里已经成了风景名胜区，前两年回去过，寺庙整修一新。大概那里的周末，也会像普陀山的庙宇一般热闹。我的高中曾在一座洋教堂，后来增加了新校舍，最能入梦的旧事，背景还是洋教堂青灰色的尖屋顶。

想到这些，是笑自己“觉悟”晚了。在那些古庙旧寺里生活了那么多的日子，就没有想过寺庙给我们提供什么东西。想过，当然想过。我的学生时代并不平静，建国之初，斗争与理想，都在宣示十分积极的人生目标。居古庙而想天下大事，大概我们这一群“居士”，是最让菩萨们伤神的弟子。说起来，已是四十年前的事情了。站在普陀的这座殿宇，随着六级殿堂沿山势逐渐上升，我的思绪从岁月的那一头回到了眼前。眼前是佛国之约，是信众与游客带着俗世的烦恼来，又在香烟烛火中许下心愿去。“有感即应，如一月丽天，影现众水；无机不被，犹万卉敷荣，化育长春。”我十分喜爱法雨寺的这副对联，就像菩萨中的观世音如此美丽，让百姓平民一见就亲近。观世音是平民的菩萨，大慈大悲，循声救苦，也就是为平民解除烦恼也。

烦恼是人生的一种痛苦。烦恼是心之痛，心之苦，心之疾。穷人有穷人的烦恼，富人有富人的烦恼，在烦恼的折磨面前，也许富有者比贫困者更受煎熬。穷人常常有个误区，以为只要有了钱，一切烦恼就烟消云散了。其实，天天在电视上播给平民百姓看的大宅门里金粉世家的故事，演的全都是有钱人家的烦心事。穷与富如此，美与丑也如此，丑小鸭有烦恼，绝代佳人也有烦恼，也许后者不比前者少。民与官也如此，无权在手的老百姓常有办事难的烦心事，手上捏着权力的官员们睡起觉来不比平民百姓踏实。唉，人生之苦，心疾难治，所以，日渐富起来的平民百姓，还是爱给慈眉善目的观音烧一炷香，说几句心里话。

烦恼之苦，盖出自四个字：患得患失。分开来讲，就是“求不得”与“舍不得”。人生其实也是两种状态，一是无，二是有。无，是人生常态之一，因为无，所以才有“追求”这两个字——求学、求职、求爱、求进步、求财富、求功名……正是如此，人生才有那么多滋味，那么多故事，那么多的精彩与沮丧。有，也是人生常态之一，因为有，所以才要懂“舍得”这两个字——谢幕、落榜、换届、下台、破产、退位、失宠……正因为如此，人生才有那么多回味，那么多惆怅，那么多壮志未酬的仰天长叹。

我们从小受到的教育，就是人生要有追求，生命不息，奋斗不止。我们最少受到的教育就是人生要能舍得，你曾得到的，也必然会失去。取舍进退，生活的艺术就这四个字。不讲进取，人生没有动力，也不会有所建树。不讲舍退，人生就最终会失去方寸，也难以享受生活的多种境界。像我这样生命过了一半旅程的人，哪里有解忧的观音？看来就是心中要知道“舍不得”乃百种烦恼之根。换句话说，再好的茶捧在手上，也会凉……

我在普陀山的法雨寺，眼前香火缭绕，香客攒动。心里头冒出“茶会凉”三个字，我觉得近些日子缠住我的烦恼一下子松开了，夕阳一缕从高大的树枝中，给我鼓励似的洒在我的身上。

谢谢普陀山，入岛进山三日，得此“茶会凉”三字，足矣。

给鱼儿们换灯

正是过节的时候，家里鱼缸的几盏灯都坏了。鱼缸里的灯不亮，客厅好像顿失精神。

是去年春天买的这台鱼缸。不是一只鱼缸，是一台鱼缸，不知我这数量词用对了没有？一只，大概就是盛几条小金鱼的那种。一台，大概指定我的鱼缸更准确一点。我家的鱼缸不算是最大的，只是中型，一米长，六十厘米高，四十厘米厚。用纯净水大桶的六桶水，能装满它。

买回鱼缸那天，是北京春天刚冒头的时候，上花市去散心，想买点鲜花回来，早早把春意迎进家。在花市里喜欢上了这鱼缸。五颜六色的热带鱼,在绿莹莹的水草间嬉戏,长着水草的沙粒都晶莹干净得像小珍珠。白色的沙粒,碧绿的水草,七彩的热带鱼,在鱼缸顶灯的光辉中,成为一个童话世界。一高兴,把这鱼缸请回了家。

这缸鱼给我的生活打开了另一扇窗户。这个鱼缸由专业的工厂生产,为避免使我的性情文字有替人做广告之嫌,不在此说出这鱼缸的品牌。在我以前的印象中,养小金鱼,就是买回一只玻璃缸,装上一盆放了两天没有漂白粉味的水,两把小金鱼放进去,得了。这一回买回这缸鱼,事情就多了。一年来,真长了不少的见识,多了不少的心事。鱼缸有循环净水系统。与鱼缸一起买回来的,是最简易的系统,一个小水泵加上两块过滤的泡沫塑料,能净水,但洁净度差,而且缸里的水不几日就有了异味。于是我又另外换了一套净水装置,除了过滤棉,还有活性炭、陶瓷环和一些塑料过滤球。除此之外,鱼缸还有充气的设备,照明的设备,保持水温的加热棒,控制各种设备开关的定时器……于是我发现, 在我家南面有一处大型鱼虫花鸟市场,光是为鱼缸提供配件服务的商店就有七八家。这些商店除了提供配件以外,还提供给鱼防治病的各种鱼药,保持鱼缸水质的各种净水剂、杀菌剂及防止长青苔的除苔剂,出售各种鱼食,根据不同的鱼种和鱼的大小,有精美的进口罐头食品,也有各种袋装的廉价鱼食。此外, 还有换水的洗沙器, 栽水草的栽草器……凡是可能想到的宠物鱼的衍生, 这里应有尽有。

从春到夏,养过不少的小鱼。红绿灯、红箭、金玛丽、燕鱼、七彩都走马灯似的来了又去了,存不住。夏秋之交,买了美人和彩虹这两种鱼,鱼缸里各种品种的“残余部队”才和美人们、彩虹们形成了稳定的集体。从秋到冬,生活在这小小世界里,四十多尾小鱼在不到半立方米的天地里,尽享生命的快乐。

我常奇怪地想，它们知道这天地有多大吗？它们不知道，它们因为不知道而快乐。也许，它们熟悉我的脚步，特别是早上的脚步。听见脚步声，一下子都躁动不安起来，在鱼缸里上下穿梭，晃头摆尾，让我联想起那些爱摇尾巴的小狗。喂了食，鱼儿们就安静下来。小鱼儿好，不吵不闹。你不想亲近它们时，它们也不会骚扰你。不会给你唱颂歌，也不会向你提抗议，大大的良民。人们喜欢宠物，哪怕是一尾小鱼，就是因为它们会让你感到亲近。我想起一个作家朋友的话："人与人的距离，有时比人与猪的距离更大。"

也许对弱小者而言，满足现状是最好的生存状态。小鱼最悠然自得的时候，是当那冬日下午的阳光一缕缕铺洒在鱼缸里。因为玻璃与水，阳光变得金碧辉煌，把宫殿般的美丽凝聚在鱼缸里。小鱼儿们悠然地划动鳍翅，让我羡慕。我能想见假如我是这尾鱼，我一定有身在天堂的感受。有谁能说，住在水泥墙里的我们，比活在玻璃缸里的鱼儿更幸福？也许它们中间没有一个哲学家，但享受生命的每一分钟，快乐在阳光与水的世界里，哪怕这世界不到半立方米！这不是比我活得更洒脱而聪明？至少它们都不为别人的非议犯愁。

无论如何，在过去一年里，它们成了我生活的一部分，多大一部分说不清，但我得给它们喂食，换水，清洗水缸……给它们营造一个安宁的小世界。我也得到回报，在心烦意乱的时候，站在鱼缸前，那些紧裹着我的坏情绪会悄悄地被鱼儿们拨开！

节日到了，我给鱼儿们换上盏新灯，当做礼物吧。它们一定会高兴一阵子，我想。

手的备忘录

最多的与无数手亲热过的手是领导的手。局长的、部长的、市长的，还有首相总统们的。握手成了职业，成了工作，成了规定动作，也就忘记握过谁的手了。因此，最健忘的也是这些手。为了让健忘之手被历史记住，大人物的手连细节都与历史有关，比方说我记得小时候读过的一篇散文《挥手之间》，好像是方纪先生写的。写毛泽东从延安上飞机赴重庆谈判，上飞机向群众挥手的瞬间，大气。这种短小而分量沉甸甸的好文章，现在少了。如今写文章的写手们，要处理如此重要的一个题材，绝不会写一篇短短的散文了事，起码一部长篇报告文学。那时候文章用手写，现在手会打字，还可复印、下载、扫描。手法一多，水分也多。

最值钱的握手是对手间的握手，所谓“历史性的握手”多是握住了曾为敌之人的手。同志的手天天握，亲人的手一辈子握，没感觉了。因为曾是对手，曾是政敌，所以握手就特别值钱了。只有请摄影师劳神，摄影师记下的都是历史性的握手。比方说周恩来与尼克松，谁先伸出来？谁先握住谁？载入史册。比方说连战、宋楚瑜参访大陆，与中共高层的握手，也就成了各报的头条。

最早拉住自己手的是母亲的手（当然也可能是父亲），母亲拉住孩子的手，就把一个婴儿拉扯成一个男子汉。当一个人变成男子汉了，他下意识的动作是躲开母亲的手。当一个人变成男子汉了，他脸红而又激动不已的是因为握住了另一个女人的手。娶了媳妇忘了娘，天下男人的手，都这个德行。然而天下的女子，又都是因为握住男人这善变的手，而变成了另一个母亲！

最不愿被人拉住的手是小偷的手。小偷有与手难解的名字“扒手”。手也是小偷谋生的手段和工具。我见识过小偷苦练基本功。他在脸盆里盛上半盆子开水，开水里有一块已经用过的香皂，香皂又薄又滑，他用两根指头，一次接一次地把它从滚烫的开水里夹起来。小偷的手也许比常人的手更灵巧更勤快，但这世界还是认定，小偷是不劳而获的寄生虫。

最有权威的手。我印象最深的有二：其一是乐团指挥的手，捏住根小棍，在空中比画，几十个乐手都老老实实按这手的起落而演奏。其二是马路边上开罚款单的手，开完了，往车窗上一贴，开车的司机就老老实实去交钱。都不由分说，都手下不留情面。

最难有收获的手是那些伸出来乞讨的手。据说现在也有变化，个别地方出现了乞讨专业户，讨回的钱盖了高楼修了宅院。因此，以行骗而伪装乞丐者，收获了人们的同情心，并把这些同情心兑换成了财富。于是每一个面对乞丐的善良人，都在做一道难解的题："给钱吧，你是在鼓励骗子！不给钱吧，你是在漠视痛苦！给还是不给……"

最胆大妄为的手是理发师的手。谁的脑袋都敢摸，不管是爱打扮的小姑娘，还是道貌岸然的大人物。如果说发型师是艺术家的话，那么就是有一双"把头发当做材料进行创作的手"。如同雕塑家把泥巴当材料塑出作品，如同大厨师把萝卜当材料刻出花儿来。

最没有嫉妒心的手是在银行里数钱的手。每天有无数的钱在指尖翻动，手几乎没有感受，唯一需要的是时时把数字弄清楚，把手感有问题的假钞挑出来。认真想一下，那些亿万富翁之手，并没有比一个银行小职员摸过的钞票多。看来，真正拥有的并不一定捏在手上，捏在手上的并不一定真正拥有了。不仅金钱，爱情、荣誉这些人们追求的目标，都是如此！

最委屈的手是钢琴家的手。一场演出，十根手指发疯地在琴键上跳舞，成功了，演出轰动了，登在报纸上的不是这双手，而是那张脸，那脸上的从来不动的鼻子和在演出中紧闭着的嘴。

金鱼与渔夫的故事

我最早认识诗人普希金，是他的童话《金鱼和渔夫的故事》。那是一本彩图的儿童书，一个渔夫出于怜悯将一只小金鱼放生了，小金鱼原来是海里的国王，于是要给渔夫报答，实现他的愿望。善良的渔夫有一个贪心的老婆，从想要一只不漏水的木盆，到要一间大房子，一个庄园，甚至想要渔夫替代金鱼成为海的国王，最后，所有的愿望化成了泡影，只剩下破木盆伴着穷困的渔夫和他贪心的老婆。这本童话书是我儿时最早的启蒙读物，还有《小红帽》说一个狼外婆的故事，还有《白雪公主和七个小矮人》，还有《中国古代寓言故事》讲的是“叶公好龙”“杯弓蛇影”“拔苗助长”“守株待兔”“狐假虎威”……这些故事书都是低幼的彩图读物，但这些书，几十年过去了，仍留在我的记忆中，记得它们的开本大小，记得它们的封面和图片。

一生不知读过了多少书，能记得的真的不多，但这几本小书，我不知为什么真的记住了，大概孩子最早的记忆，就像是一张白纸上留下的痕迹，会影响一生。比方说，我写诗多年，尊敬和崇拜普希金发自内心，无论有多少损害他名声的传说，无论他的一生并不都光彩耀眼。记得到俄罗斯访问，在彼得堡，我们参观了他最后的居所。在他平凡的寓所，许多俄罗斯青年和我们一起排队，等待进入普希金旧居。旧居不大，参观都限定在一定的人数内，要事先约定钟点。安静的旧居只有解说员的声音在空旷的屋子里回响，所有的光荣与骄傲都成了我们眼前的宁静，也许，我们永远无法走近普希金，然而我们却能走近他留下的宁静。从寓所出来，我们又去了他最后决斗的那个小树林，到小树林时，初冬的彼得堡下起了小雪，雪花重新让我们感受到那场决斗的冷酷。普希金用生命去捍卫的荣誉，到今天仍是他生命中无法抹去的寒意。

我不知为什么，在那个雪花飞舞的小树林想起了金鱼和渔夫的故事。也许普希金对这个世界一无所求，他只索求荣誉与骄傲，所以他成为世世代代人们精神的引领者，引领我们走向高贵和自尊。

高贵与卑琐有时只是一步之遥。正如“争取”与“索取”之间的区别，正如“赢得”与“求得”之间的区别，也正如“永不满足”与“贪得无厌”之间的区别。

说得清楚吗？说得清，也说不清，清者自清，浊者自浊。

在今天，我们的孩子所受到的教育要比我们当年丰富得多，电视、网络和各种媒体，每时每刻都在给他们灌输“竞争时代”的最新理念。更快、更多、更自在！更富、更爽、更有名！这类“合理利己”理念正像魔杖一样驱使着人们走上各种搏击场：交易、招聘、选拔、辩论、选美、超女、投标、竞拍……所有的加速器都在制造“一夜成名”的超女超男，都在追捧“瞬间暴富”的成功人士。

而失败者和落魄者，更多的是他们！他们在聚光灯照不到的地方，他们诅咒欺骗他们的那些美丽的谎言，同时用仇恨的眼光看着曾经和他一样的聚光灯下的“胜出者”。是啊，这是一个最简单的真理，谁也不是法力无边的小金鱼，所有人都应该知道在任何一场竞争中，失败者总比成功者更多。因此，不要当那个欲望无边的渔夫婆娘。

为了这点，我们可以忘记这个世界上曾有一位伟大的诗人叫普希金，我们也应该重新普及一下他的童话《金鱼和渔夫的故事》。

万一我们中的某一位，已经重演了这个故事，变成双手空空的老渔夫，怎么办呢？这样吧，请读一下普希金另一首短诗《假如生活欺骗了你》：“假如生活欺骗了你/不要悲伤，不要心急！/阴郁的日子需要镇静。相信吧，那愉快的日子即将来临。//心永远憧憬着未来/现在却是阴沉/一切都是瞬息，一切都会过去/而那过去了的，就会变成亲切的怀恋。”

唉，谁说这个时代不需要诗人，不需要诗？……

读闲书记

闲斜阳光，书房用不着拉上窗帘，明亮又不扰眼，是读书的好时候。

随手打开《人间词话》，拿起杯子，一口浓茶，信马由缰地读下去。眼在书上走，心思却一会儿天南，一会儿海北，并不认真。只是读到佳句，好像过去对此句并不以为然，定神，再读。是不错，又有所得。将书反扣在案上，沏水。端着水杯望窗外，天色蓝蓝，小区的楼们也比平时精神，绿瓦、红墙、旋飞的鸽群，真是满眼都是诗。好兴致，起身出门散步去也！

方才读《人间词话》共十二页。

此为闲书读法。读书读了一辈子，对各种不同之书，也有了各种不同的读法。读书之不同，如像与人相处之不同，有天地之别。

儿时读好看的书，如连环画和福尔摩斯，好看，新奇，让人入迷。这是童年的欢乐，也是童年的自由。读书没有规矩，也没有顾忌，虽说长辈们反对，但就是这种读书，让心灵开窍。读这样的书，就是小孩子交上大朋友，甘心情愿地当“小尾巴儿”。

读备考之书，就是硬着头皮啃。从小学到大学，心向往之的课本，几乎没有。学校里的书，细想起来有两类，一是为将来而必读的功课，语文，学写学说，数学，学数学算。这类知识浮在水面上的读书，重要的还是读书过程中的思维训练。另一类是应景的课目，明知没用，却要硬背，考完就丢，绝不可惜。这也是一种训练，让人从小知道生命虽可贵，但有时也要浪费，这是并非个人所能完全避免的事。走出学校，才知道类似的“无用功”在一生中还多得很。

读必读之书，就是知道一定要读的书。味美要读，苦涩也要读。当法官要读法律，学驾车要读交通规则。这是种不读不可之书。领袖著作先哲经典，导师们总说必读必有益处。只是从孔夫子到孙中山，从孙中山到毛泽东，再加上柏拉图、黑格尔、达尔文……真要一一请教，恐怕难于二万五千里长征！只好从简，最简化的就是那本“文革”中的红语录。在那样的“大革命”中，读这样纲举目张的书，心累，而且精神高度紧张，其状就如同在单位里，领导通知“到办公室谈话”，虽说每一次都受益匪浅，但精神紧张，是情理中也难免之事。

读《人间词话》这样的闲书，就与读上面那些书感觉不同。也得声明，《人间词话》在学者教授那里不是闲书，那是资料和工具。我现在不当教授了，也不需要引经据典地做文章，所以我现时读《人间词话》是把它归在了闲书类中。读闲书的心态，如同与人聊天。

与人聊天也有不同境界。与无趣之人，无话可聊。与无德之人，不可聊天。与无识之人，聊以解窘。与无量之人，不聊胜聊。聊天是知己相逢的快乐，与功利无关，也不受制于时空。兴致正好时，打开《人间词话》，也就是会会旧友，温庭筠、韦庄、李煜、秦观等风流倜傥之辈，还有陆游、辛弃疾、杜甫等大方之家，见见就好，至于诗的话题，已是次要的了。

读书也有读闲书的时候，闲书也有闲书的意境。

珍惜火柴的记忆

记忆是奇怪的，有时，记忆像个最吝啬的精灵，选择那些当时零碎枝节的细部，留了下来，而且越在脑海中留得久，印痕越深，越在时光之后存放，越放大得清晰。记忆是对人生的一种珍惜，这种珍惜又使我记得我曾经珍惜过的事情。

不知道现在的语文课本中，还有没有王愿坚的《七根火柴》了。这篇回忆录，从七根火柴的角度，写下了红军过草地的千辛万苦。这是一个短篇纪实文学，每次一看到那些动辄数十万字的“巨型报告文学”作品，我就想到了《七根火柴》。我以为这是一篇写长征的经典作品，用一个红军战士对七根火柴的珍惜，表现了一场举世瞩目的长征壮举中人性的光彩。

我们生活的现实，已经到了处处声光电的五光十色时代。我记得，在我少年时期，最困难的岁月，我们珍惜每一根火柴。那是疯狂的“大跃进”之后的“三年灾害”时期，物质到了空前匮乏的底线，所有的东西都需要配给，都要凭票证定量供应。我记得，有粮票，粮票还分粗粮票、细粮票、全国粮票、省粮票等。县里自制的粮票叫“搭伙证”，不能流通购买粮食，只供在单位食堂就餐，然后各个单位的食堂可以用它到粮站购买粮食。此外还有食油票（每月三两），棉花票（每年半斤），糖票（每月半斤），糕点票（每月半斤），布票（最少的一年每人一尺五寸），肥皂票（每人一块），肉票（最少的一年每人每月半斤），蜂窝煤票（城市居民专有）、煤油票（电力不足的小城市居民）等，还有逢年过节发的茶叶票、香烟票、豆瓣酱票、酒票、豆腐票……如果要了解中国人在1960年前后维持生命的最低生活的最低保障，就可以去调查一下那个时候的城市居民的票证发放情况。那些邮票大小的票证，让人们感到生命的依靠。在所有票证中，还有一种叫火柴票。

说到火柴，我们就会想起安徒生的童话《卖火柴的小女孩》，那个可怜的小女孩，在寒冷的冬夜用火柴的光，点燃了自己的梦想，让生命最后时刻有些许光明和温暖。但我在读这个课文的年代，正是中国人连火柴也需要票证才能买到的年代，因此，这小女孩不断划燃火柴的举动，在我们那一代孩子眼中，也许显得太奢侈了。我们更理解《七根火柴》，知道每划一根火柴，都是一件非同小可的事情。有一年，在我的记忆中，火柴也要凭票供应，一家两盒火柴。火柴在那时不贵，两分钱一盒，但没有票，也买不到。两盒火柴，不足两百支，平均每天六支。烧三顿饭，晚上停电点煤油灯，点蚊香，还不是每一根都能划燃。两盒火柴，一个家庭维持生存最低的需用量。如果家里有一个抽烟的人，这就不够用了，两分钱的火柴就成了一个重大的问题，摆在全家人的面前。

四分钱，两盒火柴，在那个饥饿和寒冷的年代，让我看到了母亲坚韧而乐观的灵魂。我在一篇小文章里说过下面的这个细节。那时候每天清晨，学校大食堂烧早饭的时候，烧柴草的灶孔下，堆着从灶里落下的柴草灰烬，灰烬中还有没有熄灭的红炭渣。下放到大凉山当师范学校老师的母亲，就到伙房的灶孔去端一盆柴草灰。压得紧紧的一盆炭灰，可以从早上到下午都保持着热气，用小火钳拨开灰烬，还有豆粒般星星点点的小火炭。就这样，不仅能取暖，还能省下火柴，留在没有炭灰的时候用。

用手指捏着火柴，划一下，噗地燃起来，那火花真好看。小心地点燃煤油灯，黑黝黝的屋子顿时有橘黄色的光亮。“真好啊，有火柴的时候，就不怕停电。”这是我最早的对光明的礼赞。在那个最寒冷的冬季，我们家除了每月两盒火柴，母亲还有一份“特殊的供给”——每月一斤肉，一斤黄豆，两条香烟。这是配给“老红军资格”的待遇。母亲虽然被下放到大凉山当一名普通的教师，但不知为什么，这个待遇没有取消，让我们在最困难的时候，有了这点奢侈品。买肉的时候尽量挑肥一点的，连皮带骨头的一斤肉，把皮和骨头加上青菜做一锅肉汤。剩下的肥肉熬成油，把瘦肉剁成肉末，在热油里做熟了，然后一起放在一个小饭碗里，一小碗有肉渣的猪油。以后的一个月，做菜的时候，放上小半勺，青菜就有了肉味了。

一根火柴点亮油灯，半勺油煮一碗青菜，在那个最困难的年月，在那个叫大凉山的深山里，让我感受到母爱，那么真切，那么细腻。

今天是母亲的祭日，她走了十年了。

贼 惦 记

“不怕贼偷，就怕贼惦记。”这话太有道理了。道理说出了一种心态，一种没有时间、地点、后果的危险。凡是好人，大概都有被贼偷的经历，被偷被盗，让人心疼，然后自认倒霉，重新来过。但是被贼惦记，而且自己又知道，这日子就过不安生了。什么时候来呀？会偷什么呀？光是谋财会不会害人呀？怎么还不露面呀？这东西买回去就是给小偷准备的呀？小到一家人，多到一个国家，哪怕是美国这样牛逼的霸权强国，不也有着一个钻在山沟里的拉登惦记着，惶惶不可终日，就叫恐怖主义。

被贼惦记不是好事，其实，我们自己有时心里放不下某件东西，也会近似“贼惦记”。只是那贼不是别人，而是我们自己那点小心眼。女人光惦记着这张脸叫人多看一下，忘记了自己早过了清水出芙蓉的光景了，于是花大银子上油、抹粉、开刀、拉皮，自己跟自己过不去，把一张脸变成了毛坯房，天天装修，虽然得到了许多回头率，但回头后的眼光都：“哇塞，又出来个吓人的！”

男人过了光景，也就不太注意自己的脸了，不仅不注意脸面，身体也不注意了，爱穿西装，此西装和彼西装一样，不一样的是身份。身份是身外之物，是“福布斯富豪榜上的排序”。身份是身外之名，是某局长、某部长、某书记。局长部长永远存在，变化的是前头那个姓，惦记的就是刘部长变成自己这个张部长。寝食不安，朝思暮想，惦记的就这个事。像小偷天天惦记着别人的钱包。其实，铁打的江山流水的官，老一辈革命家说得好，都是一颗螺丝钉，今天把你拧上去了，总有一天也会拧下来，丢进回收站。最惨的是别人还没想把你拧上去，自己往螺丝眼里钻，弄不好，崩了丝，掉进阴沟里，悔断肠子。

也有志得意满，好像什么也不惦记的主儿。比方说金庸先生，钱有了，名也有了。从俗人那里挣武林小说的钱，从高等学府浙江大学等高级知识分子成堆的地方挣文化名流的名。玩够了，又要到国外某大学挣“学位”。真的如此好学上进？我看也是惦记着成为新闻热点，一天不热，就不自在。读学位真的天天坐在教室里听课吗？绝不会。真的需要学习新知识吗？学位不等于新知识。什么都有了的金大侠，大概想来想去缺一件名叫学位的玩意，也惦记上了。唉，侠与贼，有时也相通，当都是在惦记着一个物件时！

作家本来是与世无争，拿一支笔写字换钱的人，世界上通称“自由职业者”。想吃就吃，想睡就睡，不想睡就写字，自由自在的代表叫陶渊明。只是，叫自由职业偏偏自己与自己过不去，先是写字要换钱，这是人之常情，谁都要吃饭穿衣睡一张床，没有钱是万万不能的。只是惦记了利，又要惦记名，开会坐主席台，评奖要得奖牌，媒体上要露面。本来这名就是个虚得不能再虚的东西了，浪得虚名叫多少人竞折腰？眼下的虚名，还是过眼的烟云，虚得还能有影儿，还是月边晕，水中影，江头虹，山涧云……还有更虚的叫“流传千古”。真的流传下来的就是最好的？我最不信，最不信的就是“经得起历史淘汰”这句话。秦皇阿房宫，最好的东西留下来的就是那几片瓦当？盛唐文化最好的东西就是留下来的乾陵前神道的几尊石兽？劣币淘汰良币，不仅在今天的市场竞争中处处看得到，就是在历史的翻天覆地中，最经不起折腾的也许就是那些美轮美奂的东西。用生命的现实去博取来世的虚名,这真是买最不能兑现的彩票,白日梦。如果真有来世的实惠和来世的虚名,如果有,我何尝不可认为我的前世是李白?你又何尝不可认为你的前世是和珅?我又何必羡慕已成了“符号”的虚名?你又何必装作前世干过什么坏事你都知道?所以,我被人叫做诗人,我也不写古诗,我知道我写不过我的前世。所以,你被人叫做编剧,你把和珅写进了戏说的故事,因为你知道你的前世满肚子装的坏水。笑一笑,说千古流传,真是如大胆的贼,偷完了当下的名与利,还惦记着下辈子的吃喝!

“不怕贼偷,就怕贼惦记。”多好的话,大事小事,于人于己,好像都一个道理……

窗外放飞的风筝

天气真好,仰起头,望望窗外,像那首歌《蓝蓝的天上白云飘》,今天的天色湛蓝,每当雨后,或是刮了一天的北风,北京的天就会像模像样地与歌里唱出来的那么美。在北京住了十五年,搬了几次家,越搬越高。高了好啊,能看到蓝天,能离汽车的尾气和车轮在地皮上轧出来的声浪远一些。而且,现在我们住的这套房,西窗外是一大块荒地。原先说准备盖学校,后来因为周围已有不少的学校,盖学校的方案取消了。以后有房地产商看上了这块地皮,小区的居民强烈反对,再加上热心公益人士的奔波,上面同意将这块地建成社区活动中心。方案有了却没有与方案配套的资金,于是这块地就一直撂荒,一年又一年长满青草,成了无人管理的都市里的“绿色原生态的荒地园林”。

荒地园林每天有各种人光顾,其中有两类人引起我的注意,第一种遛狗的人,第二种是喜欢放风筝的人,带着自己的风筝,让五颜六色的风筝美丽了我窗外的天空。

荒地园林是小狗们的乐园，有草丛有树木还有小土堆，更重要的是可以撒欢追逐，其乐融融。有时候趴在窗台前，看这些开心的小家伙，会被它们那些淘气而娇憨的快活样子逗乐了。风筝们要安静得多，也有风度得多。在这个荒园里放风筝的多是老手，退休或下岗在家，有的是闲工夫，风筝放到天上去了，坐在自己带的小椅子上，喝着大塑料杯里的茶水，一坐就是半天。有人说，放风筝也治病，仰头看风筝，一辈子埋头苦干落下的颈椎的毛病肩背的毛病，能得到调养。有人说放风筝能打发时光，风筝放起来后越飞越高，在几百米的高空拴住放风筝人的心，拴得牢牢实实。

望着天空中的那几只风筝，我突然感到一阵空虚：

鸟的天空在哪儿呢？

鸟的天空是童年的梦境，是童年记忆最生动的背景。省城是座老城，老城有老庙和高大而苍郁的柏树林。每当夕阳西斜，天边的云彩被低斜的太阳染得像镶着金边的红绸，这时，从红绸中飞来一大群归鸦，那鸦翅能掩住红云，像是黑夜派出的先锋，鸦群就这样拖着暮色，用黑夜宽大的袍子盖住古城。这时，我确信天空属于鸟群，清晨它们早早地离开城市，用翅膀拖走夜色，而到了傍晚，它们又用翅膀牵来幽暗，让古城进入梦乡……

鸟的天空是少年的心事，当躺在山坡上望着天上的苍鹰，我感到悬在云端的是我的灵魂。这是奇特的体验。深秋的山坡，枯干的茅草被阳光晒出浓烈的草香，而被草叶划破的胳膊让阳光灼烧得又痒又痛。我是无意中发现那只盘旋在头上的鹰，于是盯住它，看它在云朵间滑翔飘浮。与鹰对视，我背靠着山，它背负着天，天地之间只有我和它。这个时候，我从心底冒出一种少年狂想，我想这个世界不会轻易抛弃我，就像头上的这块天不能只有云朵没有这只鹰……

鸟的天空是重新开始的春之气象。记得恢复高考进了北京的校园,我的班主任比我还小五岁,我到了而立之年却是一年级的新生,只是因为常常从头顶上飞过的鸽群,拖着响亮的鸽哨,使我觉得仍然年轻而活力充盈。也许是那些划破宁静的鸽哨,在我心里写下了一行行诗,让我成为大学校园里歌唱的诗人……

啊,天空中的鸟到哪儿去了呢?

窗外风筝让我写下《无鸟的天空》这首诗:“无鸟的天空没有翅膀/只有些白云如丧幡/悼念那些过早凋谢的啼鸣//无鸟的天空没有眼睛/只有这些飞机穿梭似剪/剪裁天空这块弄脏的餐巾//无鸟的天空没有羽毛/只有些风筝在演习自然/线总在不该断的时候被挣断//在城市的爱鸟周里/我们都低头走路——/顶多会看到几只精巧的鸟笼”……

星河与灯河

人的想象力是生活培养的。

我最早的想象力,大概是从仰望星空开始。儿时的夏夜,屋子里闷热,太阳落下去之后,人们都坐在屋外纳凉。平房小院,老百姓的日常生活,那时没有楼。有儿歌:“楼上楼下,电灯电话。”说的就是共产主义的理想生活状态。现在都楼上楼下电灯电话了,有一处小院有几间平房,竟然是“富豪们”才敢想的“豪宅”,这是后话。小院里,几家人坐一起,扇着大蒲扇,有权威的爷爷辈们,说着那些说了一百遍的老话,儿子孙子和媳妇、女子家各人想各人的心事,一天的繁忙和烦心,都在渐渐凉下来的夜色中,变得平和淡泊了。那时的孩子难得有太多的心事,没有钢琴课也没有补习班,连作业也不多,每学期发两三支铅笔,要省着用,才能用到期末。晚上坐在院子里,最多的时候就是望星星。那时的天空,真的叫做繁星满天,星星亮得让人不得不抬头看它们。现在城里人，十有八九没有看星星的愿望，有了，也看不着，一是灯光太亮，形成一层光幔，二是空气污染也重，透明度大大减小，所以，天空失去了让人仰望的魅力。但是，换一个布景，城市的夜缺少灯光，更没有电视机，连收音机都是奢侈之物，这个素淡而被浓墨一般的夜笼罩的天地间，最迷人的就是那些高悬于头顶上的星星们。这是牛郎星，这是织女星，这是北斗七星，这是银河，大人们指着星星，我就随着那些星星转动着脑袋，啊，这就是天堂，这就是宇宙。在那些星空间，还会有另一个地球吗？天外有外星人吗？也许，我成为一个诗人，最早的想象力就来自小院的夏夜，天高气爽，清凉透彻，让人心生敬畏也向往着天空，向往着飞翔。也许，诗人最好的老师就是我们头上的这片苍天，从屈原的《天问》到郭小川的《望星空》，我觉得，所有诗人最早最重要的启蒙课，都是床前的那片月光，头顶的那簇星斗。浪漫的想象力，最好的准备动作就是抬起头来，面对苍天繁星去想世界！

如今不一样了。人类征服了蓝天，天上是飞来飞去的航空飞机，再往上是围着地球打转的卫星群，再往上是人类的脚步踏上了的月球。科学把幻想变成了现实，科学也把天空放进了一个小匣子里，那个小匣子叫电视。如今的孩子们，大概没有坐在小院子里望着星空听传说故事的启蒙经历了。一是高楼林立的城市难得有“接上地气”的传统小院，二是纵然有个小院，也难有头顶繁星闪烁的景象。记得十多年前，我举家从内地省城迁到北京，还在上幼儿园的儿子，傍晚站在北京二环路的过街桥上，眼前是两条灯光组成的车河，左面是白色灯光汹涌而来，右面是红色尾灯飘然而去，车流滚滚，灯光如河，儿子张大嘴巴感叹了一句：“北京真大啊！”有着一千多万人口和三百万辆汽车的北京，在四环路内的城区看不到天上的星光，天空好像是浴室里雾蒙蒙的镜子，倒映着市区的灯光，天穹是一片昏暗的红褐色，像一块还没有退热变凉的钢板。

是啊，今天在城市里长大的孩子，没有“仰望星空”的记忆，“举头望明月，低头思故乡”只是课本中的句子，只是老祖宗曾有过的诗情，而孩子们对夜晚的感受，不是来自星光，而是来自灯火。站在过街天桥上低头望一眼车河里的灯光组成的波峰浪谷，让内地省城长大的儿子，一下子发现了北京的力量“真大啊”！大概这一声感叹，不仅来自一个幼儿园的孩子，所有感受过北京车河的人，都会被“现实的”灯光美景所震撼，这种震撼产生的是另一种想象力：世俗的，眼前的，现实的和向下的实际生活中琐碎的事情！它也许是对一个幼儿的启蒙，也许是对一个漂在北京的大学生的鼓励，也许是对一个外地农民工的诱惑，也许还不仅仅如此！记得前些年，接待几位英国作家，那天正好在傍晚，我们的汽车堵在了西三环的高峰车流中，无边无际的车灯，让英伦三岛上来的作家惊奇地说：“天啊，怎么这么多车，从哪里钻出来的，这哪里是‘第三世界’？这是放大了的曼哈顿！”地上的灯火比天上的星光更耀眼，更辉煌夺目，也更实际更为现实！

仰头望星月的姿态让我们和我们的祖先更接近诗歌，更浪漫，说不好听一点，更能苦中作乐。高者，淡泊清雅的精神气足。低者，也孔乙己一回，享受一番阿Q的精神胜利。低头看车流的姿态让我们和我们的后人更物质更远离诗歌，更实际，说好听一点，更能享受现实人生。灯红酒绿，这四个字在我们读到的时候，是批判的，是形容词，而这四个字，在今天是现实最具体的街景。真的，我为中国人能如此迅速地创造人间繁华而自豪，但是，我也感慨这充盈于天地间的物质美景，竟然悄悄改变了我们的“人生姿态”。

望不望天上的星星，只是个习惯吗？望不见天上的星星，只是环境污染吗？我想不明白，推窗不知望向哪里……

不同你玩了

这是一句小孩才说的话。这句话会唤起许多的记忆。

一群孩子在院子里游戏,好好地,又跑又跳,突然,这群孩子对着一个孩子说:“不跟你玩了,就不跟你玩了。”那孩子半张着嘴,想说什么,没有说出来,眼泪却流下来了,他用牙咬着下嘴唇,转身离开了这群孩子,那些孩子啊啊地笑着跳着,好像欢呼着一场比赛的胜利。

我觉得这个场景就在昨天,我该是他们的爷爷了,但就是那一句“我不同你玩了”让我感到这个世界最早的寒意。我认为,游戏是人生最重要的课堂,孩子们在游戏中长大,学会与人交往,懂得友爱与友谊,明白互助与互利,同时也会知道争斗,知道羡慕和妒忌,知道委屈与孤立。

一群孩子呼啸而来,我是他们中的一员,也许因为我做得不好没有让“孩子王”满意,也许因为我的出众,让比我更有威望的孩子丢了面子跌了份:“不同你玩了!”为什么?没有为什么,就是不同你玩了。我在人群中用目光搜索我的“铁哥们”,而我的好朋友害怕也被孤立,把脸扭到一边,一只脚在地上不由自主地蹭来蹭去。这时,我感觉这个世界真的太让人失望了。我忍住眼泪,跑回家,妈妈一眼就明白出事了:“怎么啦?谁惹我的宝贝儿子了?”话音未落,我会委屈得放声大哭,小胸脯像风箱一样起伏,抽搐哽咽得一句话都说不完整。

为什么委屈?因为我们生下来就是家里的宝贝,爹妈捧着哄着供着。游戏是孩子们的事,而孩子的游戏规则也有“潜规则”,有等级,有头目,而等级和头目,由多种因素形成,父母的地位,老朋友和新人,岁数和体格等,如果这个孩子的爸爸是这个单位的一把手,那么在院里没有人敢惹他,当然如果另一个孩子膀大腰粗能打架,也有机会当孩子王。

“不同你玩了！”是我从游戏中体会到的群体生活中重要的惩罚。现在的孩子不仅是独生子女，也缺乏孩子间游戏所进行的“社会演习”，特别是那些坐在电脑前打游戏的孩子，不会知道这句话的分量。

“不同你玩了！”这是一个群体对你个人宣示的惩罚。人是社会动物，渴求交往，追求他人的理解和承认，这是孩童时代就会显露的天性。最彻底让我明白，当别人向你说这句话时不一定是你的错，那是在读高中的时候。“文化大革命”开始了，学校里有了红卫兵，我是共青团员还被选为学生会的学习部长，突然一下子变成“黑帮”子女了，官方正式说法叫“可以教育好的子女”。我认真地感受到，那些戴着红袖章的过去的同学和朋友，一起对我说：“不同你玩了！你玩完了！”我第一次懂得骂人不带脏字：“可以教育好的子女”！没有一个贬义词，但不明明白白在说“你现在不是个好东西”吗！我被激怒了，我想明白了，我扭头就做自己的事，找到三个还认可我的同学，组织了一个长征队，在红卫兵们坐着火车大串联时，我们走了六千七百里路，从四川走到北京，干了一件于人生无用但值得记住的事，就这样走进了社会生活……

参加工作后，常常感受到荣辱无端，毁誉无定。一段时期像中了头彩，好事接着好事，领导重视，同事支持，群众满意，荣誉无数。另一段时期好像噩梦缠身，倒霉事接着冤枉事，领导不满，流言不断，冷板凳伺候。所谓宠辱不惊，难的还是后者，热乎乎的脸贴上冷屁股，热乎乎的屁股坐上冷板凳。

不同你玩了。老板跟你说，换一种说法：“请另谋高就。”领导跟你说，用另一种语调：“组织上考虑根据（下面任选一词组填空：群众反映、工作需要、政策规定、集体研究）决定你……”

以我的经验，遇到这种情况，光委屈没用，学秋菊要个说法更傻（用自己的全部精力，去证明老板或领导的一个小失误，绝对是对自我生命的浪费)！自己需要很快地将官话或光鲜辞藻转译回那句话："不同你玩了！"早早地想自己的辙。我觉得这一生最重要的人生体验之一，就是能够领会听懂这句话的各种变调，尽快说服自己适应新境遇：走人换场子或者耐下性子坐冷板凳。

走人换场子，是找另一拨人一起玩，结束走下坡路的日子，企稳向上，这点谁都懂。

坐冷板凳，也是常事，有时换不了场子，只有坐冷板凳。前提是不想当秋菊不觉得自己是窦娥，就能坐得住。常有人说：叶延滨呀，你写了几十本书，哪来那么多时间呀？说真的，一半是坐在冷板凳上写出来的。冷板凳不可怕，不就是没有人理你吗？不就是让你干不了该你或你想干的事吗？然而，谁能让你眼读不了书，手写不了字，脑子想不了问题呢？中国会越来越民主，社会将越来越开明，不该再有文字狱了，不会有老虎凳了，但恐怕在可预想的日子里，坐冷板凳，老板和领导客气地对你说出那句话的各种版本，完全仍有可能！

"不同你玩了！"一群孩子对着那孩子叫。那孩子突然转身大声回答："我自己玩！谁怕谁呀！"

啊，这就是今天的孩子，我那时也该这么大喊一声：你以为你是谁呀……

正午的牛车

这是一辆正午的牛车。

它是从哪儿来的，我不知道，我只是知道现在它的影子躲在它的车轮下面。牛车的车轮是两只巨大的木轮。这是属于记忆的木轮，木轮说，时间走得很慢，因此我也走得很慢。不知道你坐过牛车没有，特别是这种两侧有巨大木轮的牛车。我坐过，而且，坐着的是我的青春岁月。青春坐在牛车上，眼前是一条毛茸茸的牛尾巴,像节拍器一样在你面前悠悠地晃动,左右上下地悠闲,于是,你的心律也在牛尾的节拍中放慢了。放慢了的不仅是心跳,还有呼吸。呼吸平稳时,你才可能注意你身边的事物,特别是那些细微变化着的事物。只有那些年老的牛才会派它来拉车。老牛拉着牛车,就像牛车与它合而为一,缓缓地在正午的阳光下移动。正午的阳光大概是一天中移动最慢的阳光了。它因为炽烈而让我们在牛车上流汗,如果一直这样流汗,我们也许就是融化的雪人了。好在习惯了,先流汗,然后那汗水像一层油,护着皮肤,直到皮肤上出现晶亮的盐粒。坐在正午的牛车上,最早融化的不是我的身体,而是我的思绪。到哪儿去?明天会怎样?今后怎么办?这些只有人才会给自己找出的“烦恼的题目”,在正午的牛车上最先蒸发为一缕缕水气。因为这些魔鬼题目从头脑里消失了,还需要想什么呢?我问自己,没有回答。这种自问却不求答案的状态,在我的脸上呈现出来,人们说:瞧这个牛车上的人多么悠闲自得!

悠闲的是我前面的那头牛。也许,这是一个苦差事。拉着一个无所事事的年轻人,拉着一车正午的阳光。不过,老牛无所谓的神色告诉我,这已成为它的习惯,不拉这个年轻人,换上别人也一样。不拉这炽烈的阳光,拉裹满黄沙的风,还是拉绵绵不尽的细雨,不都是一样的吗?这就是悠闲之源,认命,或者说叫知足。知足是一种天性,是美德还是缺陷,难说。我换位想一下,假若我是这头老牛,我该怎么活?如果我不满我的境遇,不喜欢这头上的烈日,厌烦这碎石铺成的小路,不满这吱吱咕咕叫的车轮,我又能怎么样?无垠的大草原当然好,清清的小溪水当然好,还有如果有宽敞的棚舍还有和蔼的微风,那就是天堂了!但是,这个世界对一头已经年迈的老牛,没有准备天堂。暮年之伴就是这车,木轮牛车。暮年之路就是这路,碎石乡村路。暮年的天空就是这烈日,烈日下的正午。命定如此,如果还苦恋苦想着天堂,不是在伤口上抹盐吗?啊,挺好,头上还有太阳,不是冰雪满天。啊,挺好,路还平坦,而且把我驾上车辕,就是告诉我还不让我进屠宰场……老牛果真这么想吗?不知道,我不是那头牛。也许那头牛一辈子不会想到,我欲替它想的关于命运的两个题目:认命还是不认命,何苦何乐?

正午的牛车是乡间常见的风景。也许就是文人常说的生活气息。那气息从我身上散发出来,从牛的鼻孔中呼了出去,让阳光变得迷离,如果你站在牛车的远处,你会感到晃晃悠悠上升的空气像海市蜃楼一样把牛车变得神秘。而坐在牛车上的我,正小憩入梦,你看到的也许是我短梦的尾声,因为讨厌的牛虻让老牛烦躁不安,而苍蝇也把我汗津津的脸当成了午餐的餐桌。醒了,也就不只是充当正午的风景了,也想看看风景。每个看风景的人都同时是别人的风景,当然,坐在牛车上会以为自己是风景的中心,自己是检阅风景的主人。看吐着长舌头的狗,看穿花布衫卖凉茶的小闺女,还有掉了中间两个字的标语"坚决拥护的英明指示!"什么指示?谁英明?有多坚决?其实每一个问题都够想半天的了,我怎么没有觉得该想一想呢?

太阳正在头顶上,我正年轻而且可以做白日梦,道路虽然不平不过生活却在前进,这也许就是正午的牛车能够显示的隐喻。而隐喻是文人的看家本事,当然有的文人也不要这个玩意儿就能讨生活。你问我,不是隐喻又是什么?

只是一只木轮,放在古旧家具店的门外。一只从那个正午牛车上留下的木轮放在家具店门前,而那牛车依旧在我生活的那一端清晰又朦胧……

静

在雷声到来以前和雷声消失之后,都那么的安静。然而,之前与之后，静却给我们不同的感受。雷声到来之前，有句古词“黑云压城城欲摧”。天上的黑云，越积越多，越积越厚，空气中也好像压缩了许多惊恐不安。这种体验，我们在另外的场景中也有相似之处：百米跑裁判举起了枪。法官对法庭上的人说“现在宣判，请全体起立”！火箭发射场上进入了倒数启动的计时8、7、6、5……当然，在我们头上发怒的雷声消失之后，特别是在夜里，也会给我们带来宁静。这种静，如产房里守着小母亲的那束不说话的花，也如退潮后倒扣在沙滩上的小木船，更像一个从前线回来的士兵站在自家的门口面对惊喜的妻子！

静不是无声，有时正因为听到了什么，我们才感到身处安静的世界。我有过这样的体会，在乡下，风雨后，特别是深夜一阵豪雨之后，我会听到玉米拔节的声音：咔！咔！这声音让人喜悦，因为这是来自庄稼自身的生命的歌吟。这种声音和风吹植物发出的声音不一样，玉米有宽大的叶子，因此，山风吹过也会沙沙地歌唱。记得公刘为我早期的诗写过一篇诗评的题目就叫《玉米才会为山风歌唱》。这题目很有意境，但它不是静，而是众声喧哗。

玉米拔节发出的声音，是那么有生命的意味，以至我想到安静的植物大家族，一定有我们所不知道的语言。也许色彩就是植物的语言。绿色是自信的宁静。当我们身处绿色世界时，我们感到心静气平，因为环抱着我们的绿荫，让我们感到自己的生命有可信的依托。姹紫嫣红的花朵就是喧闹和多嘴多舌的了，像我们的演艺圈，热情奔放，有一分热发三处光，哪怕是绯闻和谣传也好，总怕人们忘了自己。

认真想一下，静总是与声响联系起来的。哪怕是死亡的墓地里，也是一声凄厉的乌鸦啼叫，让我们毛骨悚然，感受死神的冰凉手指正摸着后背。

静也是一种心境，一种生存状态在我们心灵上的投射。一条长长的巷子，两旁是青砖的高墙，岁月在墙上留下的残断的标语，青苔和水渍，还有一些枯干的老藤。小巷很深，头顶上留下细细的一道天，身后留下长长的影子。这时候不知是谁，咳！咳！那咳嗽声让你觉得来自久远的过去，它想打破小巷的安静，但没有成功，小巷依旧躲藏在阴影中不声不响地熬日子。

最长的冬夜是没有星光也没有灯光的那一夜。也许当寒冷和黑暗紧裹着自己的时候，我实在不能证明这是噩梦最长还是最深的地狱。也许就是在这个时候，一只小老鼠啃食冬夜的一角。那窸窸窣窣的声响，告诉我这只是一个没有星光的冬夜，它只是在啃一只装着几本旧书的纸箱子。小老鼠那对小尖牙，就这么咬破了噩梦，咬破了浓得化不开的死寂。

都会过去的，欢呼和诅咒，赞美和诽谤，甚至真爱和真恨！而最后拥抱我们的会是安静的世界。

也许真能想透这一点，这个世界会少了许多丑陋的声浪。不过，在窗外有种种声浪的世界上，自己有一间不大的书房，一杯不凉的茶，几本读了会让人变成聋子的书。这宁静安详之地，大概就是人们常说的天堂吧！

多安静的天堂啊，安静得只能听见圣贤们的脚步，只能听见自己的心跳！

秋天的落叶

秋天是看落叶的时候，看秋天的落叶要在北方，南方太温暖了，舒适的环境让叶子们都恋爱似的永远绿荫常驻。所以说南方是让人忘忧之地，不知道老之将至，不知道还有严寒与冰雪来考验生命的毅力。这些年冬季常常由北方去南方，冰天雪地里，钻进一个飞机舱门，两三小时以后，钻出机舱门，变魔术似的外面就变成绿树红花世界。由于交通的便捷，时空转化也显出强烈的对比与反差。这种反差，让我留意起那些年年从树上脱落的叶子。北方的树叶，宿命地要面对秋风，每一片树叶都是燕赵慷慨悲歌之士：风萧萧兮易水寒，壮士一去兮不复返。这首我们熟悉的歌吟，说的是燕太子丹送别刺秦王的荆轲壮士。其实，走在北国原野，看秋风阵阵，落叶纷纷，不禁就会想起这两句壮士歌来。

枫叶大概最有壮士情怀了。秋风一吹，先不变黄，先来把一腔热血泼出个满山遍地红彤彤。无论最后的结局如何，这股子英雄气就让人望而起敬意。北京的香山，就因为这红叶出了名，每到秋天去香山观红叶，成了京城的民俗。香山的风水好，毛泽东进北平，最早就在这儿待过，双清别墅里如果毛泽东一直住下去，而不是搬进中南海皇家园子，也许后来事情就不一样了。天天望红叶与天天望着金黄的琉璃瓦，差别大了。人怕出名叶怕红，香山的红叶一出了名，便成了游客采摘的对象。尽管管理当局一再进行文明礼貌教育，但是年年仍是还没有被风吹落到地上，就被游客掳走了。这是壮士断臂般的悲壮！然而，也许正是这样，我们心目中永远的是红彤彤满山遍野的枫叶，我们没看到，红叶也会变得不红，变得憔悴褐黑……英雄好汉们的故事，大都与红叶相仿，悲歌一曲，断弦裂琴，戛然而止！

和枫树不同，银杏是能坦然面对秋风的树。银杏在秋天，风一吹，便洒洒脱脱地黄了，而且是纯粹的黄，杏黄色的叶子，让银杏树格外的醒目，无论在哪里，都可以由那杏黄色的叶子，认出银杏来。银杏叶也容易脱落，风一吹，纷纷扬扬，铺洒一地。地上有了银杏叶，也亮堂，也鲜艳，好像是画家给秋天挥洒出的好精神！银杏叶长得漂亮，每片叶子都像一只小蝴蝶，长得就是这个模样，好像一辈子，就准备着在秋风里翩翩起舞一回！银杏给人的美，是阴柔之美，是温顺之美。顺其自然，大概就是如此了。你说秋风要来，来就来吧。你说秋风凉，凉了我就该变成黄蝴蝶了。你说要落叶归根，落了也让我的那片土地漂亮地铺上一层金色！每当我看到秋天里的银杏，它们在天地间坦然怒放的金色，让我感到温暖，感到一种美好善良的情怀。

无论是金刚怒目地红一回，还是如蝴蝶翩翩地飞一回，落叶对待秋风，如同对待命运，选择了各自不同的方式，也让秋天多了斑斓壮丽的气度。其实，每一种落叶，都会给我们启示，比方说落叶松。马尾一样的松枝上，总好像四季常青，郁郁葱葱。如果仔细观察，会发现，在枝梢上的新针叶冒出来的时候，靠近根部的老针叶已经干枯了。它在人们不觉察的时候，悄悄落在树下。松树总是精神矍然，只是在树根的地面上，我们可以发现厚厚的一层松针，护卫着也温暖着松树的根！再比方说杨树，北方最常见最普通的树，它们像士兵一样守护着北方大地。高大挺拔，枝繁叶茂。然而，它们也真像士兵，昨天还挂满了绿叶，一阵凛冽的秋风过后，所有杨树一夜间，落尽了叶子。像听到了口令，满世界只剩下举着光秃秃树枝如同举着枪的杨树。它们轻装，以抗击漫长的冬季。说杨树是一支部队，不对吗？我相信这是一支部队。因为每年春天，也是它们，当一夜春风拂过，清早，它们就会哗啦一下让整座城市披上绿叶！

让我们向落叶致敬，无论是一片正在空中飘零的，还是望不尽的铺满大地的……

说　玉

说到玉，一块凝脂般的玉镯，就在眼前，说是和田羊脂玉。看到它，让我想到月光，月光铺在秋天的夜晚，一层又一层，铺得久了，成了霜。那霜如此晶莹剔透，纯正的晶体，不染纤尘，真是从嫦娥那广寒宫而来，无影无踪地飘入凡世间，月色如烟，如风，如霰，也如一美人走过，留下缥缈的身影。也许玉，就是一段久远的思念，有情的思念，有泪的思念，无邪的思念，这个世界最美最纯的东西就是让你在思念中觉得自己也如月光一样轻盈升华的瞬间。这瞬间真的存在过！那就是一块凝脂般的玉。

说到玉，这碧透如镜的一块玉，就在眼前。真是玉？不相信，但不敢说它是玻璃，因为透出那寒意，高贵得如冰山之胆。洁白得刺骨，一尘不沾，大概就是冰川孕育。所有在春天骚动的空气中，禁不住诱惑的，都化成春水，滴入山溪，汇入江河，欢腾雀跃之后，与泥沙为伍。只有这玉，冰川之灵，冰心不化，高洁如初，让人不敢久视！玉之品格，大概从那千万年的冰雪之乡，能找到缘由。

但它毕竟从天庭降于凡世，从冰山雪峰走入温柔人间。说到玉，想到一部书，与玉有关的书，又不是说玉的书，《石头记》，又叫《红楼梦》。我知道这本书的时候，在我的童年，也是《红楼梦》尚不走红的年月，所以，《石头记》在旧书店的架子上放着，没有人问，但，旧书店的老板顽固地让《石头记》放在醒目的位置，让我很纳闷了许多日子。《石头记》没有人问津的时候，人们也不关心玉，不佩玉，更不谈玉。“玩物丧志”，那时这四个字很有分量。肯定地说，那时候的玉也和我们共存于天地间，只是消失于人们的视野，叫“销声匿迹”，收藏者，那时候重在藏，藏而不露，秘不示人。我第一次知道玉，是上中学的时候。那天学校旁的工地，挖开了一座古墓，说是清代以前的墓，葬的是位官员。文物部门清理了墓内物件，据说最值钱的东西，是墓主人口中含的一块石头，那石头是宝贝，宝贝叫玉石！这是第一次听说玉，也第一次知道玉可以放在死人的嘴里。想到此，总感到那石头阴气逼人。直到现在，谁要说他那块玉是古玉是某朝某代的传世之物，我总难免想到那个被刨开的古墓。当然，这是“时代的印记”，不要说一块石头了，就是千年的艺术珍品《石头记》在那个年代，不也是被看做封建社会的有毒之物嘛！好在后来毛泽东常说它的好话，说它是封建社会的百科全书，还从中看出了不少阶级斗争的动向，于是《石头记》才变成了国家出版社限量印行的《红楼梦》。从线装影印本变成了铅字书，与《三国演义》《西游记》《水浒》取得了同样的"行头"，我于是有幸读了这部千古佳作。于是才知道，这块"石头"是真宝玉，不是假宝玉，中国几千年的文明巅峰上，一块奇绝之玉！

读《红楼梦》，初读无味，是因不解其味，读得多了，发现此书有玉的品格，一是"温"，二是"润"。事物都要对此地看，先看《水浒》，大块吃肉，大碗喝酒，大刀砍人，虽讲了个痛快，却没有了思想，更少了情感，干柴烈火之"烈"，能持久否？再读《三国》，那时没有易中天帮您嚼烂掰碎的《三国》。好比进陕西饭店吃羊肉泡馍，要自己动手掰饼，有自己动手的味道。现在易中天在电视上的《三国》是机器切饼，端出来的"羊肉泡"是新派菜，不一样了。读《三国》比《水浒》厉害，虽说的是征战天下，写出来的却是阴谋与阳谋。虽然不烈了，但却"冷"！多读几遍《红楼梦》，才感到真是一部奇书，"温"情脉脉中写尽世态炎凉，"润"物无声中展露万千风情——好一块奇石宝玉啊！

真是三十年河东，三十年河西，世风大变。如今无处不讲"收藏"，人人好像都是贾宝玉。只要是个文化人，脖子上挂玉，腰带上别玉，见面就招呼："你看我这块是不是老货？"张开五指，掌心里还捏着一块玉。男如宝玉，姑娘呢？现在红透天的是"超女"了，如果贾府的闺秀们生在今日，谁能当"超女"呢？最有可能的当然是薛宝钗，还会有问题吗？黛玉如何？她不会去凑这个热闹。她在哪儿？在家里坐着，坐着看刘兴武在电视上讲"红楼"，她一边听一边想："我们家没这个亲戚，他怎么什么都知道呢？"黛玉哪里晓得，这也是在玩玉呢！把玩

《石头记》,好像手里捏着一块玉,越捏越“温”,越揉越“润”,感觉好极了……

月亮走,我也走

我所唱过的最早的一首儿歌是什么?是“月亮走,我也走,我给月亮打烧酒”!就两句,有歌唱的对象,有歌唱者自己,有走动的行为和风景,还有祝愿和承诺。所以,这样一首儿歌,在我还没有读书识字的时候,就会唱它了。

今天的孩子不唱这样的儿歌,也许会说出很多的原因。不过,最当紧的一点,就是没有了唱这首儿歌的环境。这首儿歌不是在家里唱的,不是坐在书桌前念的或者躺在摇篮里听大人读的。那是一种体验,是在自然舞台中表演的“台词”。童年的时候,在省城生活,那是盆地中一座老城,多是平房瓦舍,少有的楼房也就是两三层,难得有高楼。没有高楼的老城里到处都是大树,高高的树冠伸出屋脊,白天给人阴凉,晚上挂满星光。说挂满星光,不是诗句,而是真实的景象。50年代初,老城缺电,一到晚上,都用电,电压不足,昏黄的灯火不比星星更亮,所以,天一黑下来,坐在院子里,繁星就缀满了童年的天空,而在星星们中间那轮月亮,便成了对话的主角。倘若有个稍大一点的院子,捉迷藏的孩子就发现,在院子里跑动时,那头顶上的月亮也在动(你会说,真傻,那是参照系变动产生的误感)。是的,月亮在屋脊和树丫间移动,就像跟着自己,在与自己捉迷藏,于是,禁不住唱起来:“月亮走,我也走,我给月亮打烧酒!”脸对着月亮喊,双脚跑得更快,自得其乐,与月共舞!这大概就是诗歌产生的条件,自然、歌唱的对象、对话倾诉、自我愉悦。这样的儿歌,基本的情景和内容,与李白名著相近:“举杯邀明月,对影成三人。月既不解饮,影徒随我身。暂伴月将影,行乐须及春。我歌月徘徊,我舞影零乱……”(李白诗《月下独酌》摘句)这样美妙的诗句,翻成儿歌,也就是:月亮走,我也走,我请月亮喝烧酒。李白是酒中仙,当然与月对饮。小孩子尊老敬月,献一点小殷勤,“我给月亮打烧酒”,多好的人生美景啊!

月亮和关于月亮的歌谣, 在我的生活中很快被太阳和歌唱太阳的成千上万的诗歌遮盖了。这是生活的真实,也是艺术的现实。在城市越来越大,灯光越来越亮的时候,都市的夜景就是灯景,与星星和月亮没有关系了。当然,在我记忆中,星星最早不是被灯光赶走的,而是被大炼钢铁的“小高炉”湮没了。省城的大街小巷,机关学校,街道工厂,凡是有人群的地方,都架有一个小高炉。最常见的小高炉样子, 三只大汽油桶叠起来,桶里砌上耐火砖,然后旁边安一只风箱,像个放大的铁匠炉。那时候,处处点火,全民炼钢,烟熏火烤,钢花飞溅。小高炉实际就是化铁炉,把各家各户的铁器收集起来,化成铁水,打成钢块铁砣,然后一群人集合在一起,敲锣打鼓向上级领导送喜报。对于我的童年,这是很有趣也很动人的场面,真的叫人难以忘怀。意气风发,斗志昂扬,所有关于月亮的歌和诗,一下子好像全送进小高炉化掉了,大人不唱《敖包相会》,不唱《莫斯科郊外的晚上》,我们也不给月亮打烧酒了,连名字叫《星星》的诗刊也停办了。这个时候最重要的诗歌意象是“太阳”,红太阳,金色的太阳,心中的太阳,一个比一个红,一个比一个亮,到后来,只好在“最红最红”与“最亮最亮”上加重语气了!也许今天的人看这些曾经唱遍大江南北的太阳诗与太阳歌,不理解或简单说一句“歌功颂德”,但我以为,在全民大炼钢铁的同时全民大写“大跃进”诗歌,是一个新国家青春期的体现,梦想家和幻想家让六亿中国人都成了“诗人”,而且是歌唱太阳的豪放派诗人。在太阳意象朗照我们整个民族的同时,还有另一个意象也十分重要,那就是“向日葵”。当向日葵成为亿万民众认可的自身形象，机械而自然地跟着太阳调整自己的头脑方向，悲剧就产生了，天地之间阳光普照，而一个民族心灵却一度失明。我不认为所有写太阳和歌颂太阳的诗歌，都是“歌功颂德”之作，其中，也真有发自内心的对光明的赞颂。光明让我们看清世界，一旦那光芒让我们失去对世界真实的把握时，悲剧就出现了。

今天是中秋节，天高气爽，月亮升起来了，但是，站在十五层高楼窗前，我与月亮都无法再玩那个游戏：“月亮走，我也走，我给月亮打烧酒！”心里唱着，眼里望着，望见那流走岁月中，一个星光灿烂的小院子，有一个与月亮捉迷藏的男孩……

不是为冰箱做广告

一说冰箱，想到一首传了千年的小诗：“长安回望绣成堆，山顶千门次第开。一骑红尘妃子笑，无人知是荔枝来。”这是唐代大诗人杜牧的《过华清宫绝句三首》之一。诗是好诗，说的是唐明皇的爱妃杨玉环的事情，《新唐书·杨贵妃传》中有记载：“妃嗜荔枝；必欲生致之，乃置骑传送，走数千里，味未变，已至京师。”这是说杨贵妃爱吃荔枝，于是千里驿传，送鲜活荔枝求妃子一笑。妃子爱吃荔枝的小事，竟然写入了《新唐书》，可见事情并不小，弄得杨贵妃最后于“安史之乱”被勒死于军队之前，用现在的话来说是“腐败”的例子。现在正值初夏，北京的大街小巷满是从两广运来的鲜荔枝，其中青中透红的名荔枝就有个好名字“妃子笑”。让皇妃香魂散于军阵的荔枝，如今是市井平民随时可以取用的零食，实在也是天翻地覆的大变化。这个变化只因世界上有了冰箱，有了制冰业，于是让平民百姓能得到昔日皇室贵胄才有的享受。

人类在吃的问题上，有两大革命性的发明，第一是用了火，火的使用让人类吃上熟食，从此与动物分灶进餐，开始了文明史。第二是有了冰箱(也包括制冰业和冷库),冰箱让普通人能吃上保鲜的食品,从此"尝鲜",这个皇室和贵族才有的享受成为了平民的生活。说到这里,我想起青少年时代的两个记忆。一个是小时候参观"千万不要忘记阶级斗争"的展览,一个展台上放着从一户老地主家搜出来的几颗晒干的荔枝。荔枝干果不知放了多久了,解说词是:"地主分子妄图恢复剥削阶级的腐化生活。"在这个展览会中,我头一次听到了杜牧的那首诗,"历史上皇亲国戚就吃鲜荔枝"。第二个例子是"文化大革命"中,开大会批判林彪,发言者慷慨激昂地说,林彪十分腐化,房子里的温度要保持在20摄氏度!那时,这几乎是天方夜谭式的故事,老百姓几乎不知道还有一种人居的"冰箱"叫空调。

我们的确要感谢冰箱,它几乎改变了我们生活的程度,从吃得饱,到吃得好,从过日子,到过有质量的日子。说得不客气,就吃鲜而言,中国的普通百姓今天所享受到的美味,大概超过了以前的王公大臣。宁吃鲜桃一颗,不食烂桃一筐。吃熟食,功劳归于火。吃鲜食,功劳归于冰箱。如果把冰箱这个概念扩大一点,在中国的大大小小城市,那些挂满空调机的高楼,不也是一幢又一幢保鲜生活的大冰箱吗?不说一骑红尘妃子笑了,就说那个怕热怕凉的林彪大人,当年让人们羡慕又愤怒的奢侈——"保持二十度的房子",在今天无数老百姓家里,早就司空见惯,只算平常小事了。当然,中国的冰箱不仅改变着中国人的生活水准,全世界30%的冰箱都是中国生产,这又说明中国在改变世界的"气候",为充满火气的世界退烧。

保鲜,是冰箱重要的功能,保鲜,又不完全只有冰箱才能完成。说到保鲜对生活质量的影响,我突发奇想,想一个问题:"为人类精神生活保鲜的又是什么?"是文学,是随同生活一道前进的新文学。文学是人类的精神财富,它保存了人类进程中的精神链条,正因为有这种精神链条,使人类不仅有生物的基因传承,还有其他生物没有而人类独占的精神基因,我们称之为历史,称之为传统,称之为文化。如果说旧文学,文言文还有点像晒的干鱼,腌的咸肉,虽有其形也有其味,只是缺少鲜活灵动的气息。五四新文学推动了白话口语,从此生动鲜活的语言,将每个时代的世间百态,保鲜在一部又一部的文学作品中。特别是诗歌,那些诗行,会让爱和恨立刻充盈你全身的血液,让你回到诗人曾有的那一刻,生生死死爱一回恨一回,痴痴迷迷不知时光早就飞度十年百年!

说得远了,再回到冰箱。此刻我在打开空调的屋子里写这篇小文章,我真的想这么一个问题,也许在我们这个楼房的上空,也许在我们这个城市的上方,有一个叫做上帝的先生,在他眼里,这幢大楼也是一只冰箱,而我也是保鲜在冰箱里的一个"物品"。正如我家冰箱里也有相似的肉类。除了我还能喘气之外,我想他还会察觉我不是"楼房冰箱"里一块会走动的鲜肉——我有自信我不是"会走的肉"吗?他又凭借什么作出判断呢?

钉在纸板上的蝴蝶

这就是标本,哦,多美啊,标本就是这样的!我看到那些钉在纸板上的蝴蝶。我的自然科学知识也许最早就是从这纸板上的蝴蝶开始。这个开始就该说不错,如果最早看到的标本,不是蝴蝶,而是一团什么病变了的内脏,或是一副恐怖的骷髅,我也许就不会成为一个诗人了。有人说,诗人就是永远用童心去看待世界的人,那么,只有用童心去看钉在纸板上的蝴蝶,才会产生诗意的联想,去看内脏和骨头架最好不要有什么联想。每一个小孩,也许最怕与死亡有关的事物,最早的恶作剧,就是在黑房子里大叫一声:"鬼来了!"然后撒腿就跑!

这就是标本，就是一次死亡的记录，死亡的恒定和死亡的姿态。只是死亡变得不可怕了，变得美丽而可爱了。真奇怪，有的死亡让人畏惧，有的死亡让人怜爱，而蝴蝶之死保持着它最美的姿态。蝴蝶并不漫长的一生，先是卵，后是青虫，再是蛹，最后是蝴蝶。我没有见过自然界中“善终”的蝴蝶是什么样子，只见过不慎被蛛网网住的蝴蝶，在蜘蛛缓缓爬向它的时候，无助地挣扎。也见过翅膀残破的死蝴蝶被一群小蚂蚁举着，一摇一摆地拖进蚁穴。也许这是钉在纸板上的蝴蝶给我留下的最早的错误的生死观：“做一只标本，传之千古，多美好的事情啊。”当然，这是童心“思无邪”的邪恶念头，无论如何，死亡是一件可怕的事情，纸板上的蝴蝶迷惑了我的最初的判断力。

这就是标本，也是一次屠杀的证据。当然是屠杀，屠杀这个词也许分量太重，但生命有大小之分，有轻重之分吗？没有，应该一样的，在这个世界上所有的生命也许都应该珍惜和爱护。当然，我们可以为这样的行为找到道义上的支撑和道德上的解脱，为了科学事业，对于这只小蝴蝶，这是一次献身，生命有了意义和价值。不是吗？人类对于自身也是如此，平凡的生命，死去以后，付之一炬，而伟人们浸在防腐剂里，像睡着了一样，让人们去观看，这种观看叫瞻仰。我瞻仰睡着的伟人或英雄，不知为什么会想：“他万一睁开眼睛会怎样奇怪地瞪着我这个陌生人呢？”

这就是标本，让死亡变得美丽的诱惑。对于我，它最早的诱惑是：“我要当个生物学家！”生物学家多浪漫啊，戴着白色的太阳帽，举着捕捉昆虫的网兜，在飘溢着花香的草地，追逐蝴蝶。这当然是对职业片面的解读，只是增加了我对生活浪漫的热情，并没增添我的生物学知识。正如后来热爱米丘林，现在的孩子恐怕不知道他了，他让我在缺少苹果的童年，对梨、苹果产生无限的憧憬。好在这一切都是孩子的梦想，如果长大了，手上有了无限的权力了，还这样浪漫地对待“钉上纸板的蝴蝶”，后果显而易见。其实，摆在我们各级首长桌上的总结、报告、先进典型材料，大多数是文字制造的标本，是另一种“钉在纸板上的蝴蝶”！

这就是标本，是美能比死亡更长久的证明。我渐渐长大了，那些小纸片上的蝴蝶不再让我迷恋惊叹了，但它留在心灵的一角，常在夜深人静的时候，从沉沉的夜海中浮起来，让我回到那最初的岁月，闻到纸的气味，闻到花香和青草间的泥土味……

蚂蚁爬过暴雨前的树丛

想起这句题目，是站在窗前，看到窗外三环路上涌动的车流。远远地望去，那些金属的小铁盒子，在四只滚动的胶皮轮子上，像一队蚂蚁似的列队而行。这令人想起了童年，童年最有自然特色的体验，就是在暴雨前夕，蹲在花园的树丛前，看一队蚂蚁匆匆地搬家。燕子低飞，蚂蚁搬家，大雨将至。这是最早知道的道理，气象学也罢，生物学也罢，简洁明了，而且生动直观，蹲在那里，嘴里念念有词“燕子低飞，蚂蚁搬家”，心里却在想：“它们怎么知道要下雨了？它们搬到哪儿去？谁在下命令呢？它们怎么集合得这么快呢？”充满了问号的世界也充满了新奇，我觉得，我对这个世界的热爱，也许就是从看蚂蚁搬家开始，因为相似的问号在另外的场景产生，而在那样的场景中，我觉得我像一只蚂蚁。

那是面对一片宽阔的草原，眼前的一切，简洁为两种色调，一块是蓝色，一块是绿色，蓝与绿的相交点就是永远召唤你又让你永远无法接近的地平线。天苍苍，野茫茫，我们聪明的先人也只能选择这样空旷的字眼来表达内心的感受。空旷之美，世间之大美，单纯为无垠，丰富为纯洁。

那是面对一片荒寂的沙漠，沙漠上是烈日还有烈日一样灼烫的天空，灼烫的天空下是金黄无边的沙漠。仿佛这天空就是沙漠在阳光下幻化的灵魂，而这沙漠尽管每一粒沙粒都是死亡的证明，而所有的沙粒却起伏腾挪成沙丘，沙丘们舞蹈的热情会灼伤我们怯懦的心。空旷之美，世间之大美，热烈为无语，贫瘠为博大。

那是面对一派峰峦逶迤的群山，坚如铸铁的山岩远处化为画师笔下的泼墨，而轻逸如纱的云雾又与重峦叠嶂凝成浑然一体的水纹。云雾与石岩难分轻重，群山与云海如同伯仲。千山鸟飞绝，飞翔着的是山的灵魂。空旷之美，世间之大美，寂寥为深幽，厚重为空渺。

每当我面对这样的大美之境，我会想到暴风前那一队匆匆搬家的蚂蚁。我知道那队蚂蚁并不像我们所感受到的那样“渺小”，它们迎接大自然的赐予，自信而有节，无论是晨光还是暴雨。这也是我们内心的召唤，走出家门，去草原，越沙丘，登山岭，会在面对大美之时，听到来自内心的生命赞颂。

空旷之美，对于今天的我和你，实在太重要了。我们有幸生活在物质相对丰富的今天，我们也不幸生活在一个物质充盈的城市。我们几乎变成了物化了的城市动物。我们的空间被丰富的物质世界充盈：楼群、街路、格式化的绿色植物和所有目光所及的事物！我们的时间也被紧张的物化日程充盈：上班、听报告、购物、交费以及闭上眼前接最后一个电话！

当我们的孩子不能蹲下来，在树丛边看到一队蚂蚁爬过他的童年。这也许是件小得不能再小的事情了，但它是一个信号，就是我们已经成为了“城市动物”。我们生活在一切都经过计算机程式化了的世界中：像一架架皇皇书架，每一本书都经典，都文化，同时也都落满灰尘；像一台台冰箱，每一样食品都营养，都保鲜，同时也都令人没有胃口；像一个个超市，每一个产品都诱人，都必需，同时也都写上了交易价钱！城市用各种办法填充我们的需求甚至欲望，把我们填得满满的，以至于内心没有一个小角落放下一个“自己”。

于是，我们被一种力量召唤，走出去，在空旷的草原、荒漠和群山间，去像一只蚂蚁爬过暴雨前的树丛。

望着草原，让绿色浸染你的心灵；望着大漠，让风沙吹走填充你内心的那些办公室职场风波；面对群山，直到你想起了那句诗：“前不见古人，后不见来者，念天地之悠悠，独怆然而涕下！”

这个世界就再次接纳你，这个世界会悄悄对你说：“你真不错，你的生活应该这样富有诗意……”

总有一朵花正在为你开放

都喜欢手上有一朵花，是别人送的，那一朵小花，也许是情人节的礼物，也许是你和他之间的秘密，也许与别人都没有关系，只是你自己，在山间小径漫步，信手从路旁的草坡上，摘下的一朵野菊，你把它带进了你的房间，也就把刚才山野的气味和色彩留在自己的身边。

不过，自己手上有一朵花的时间好像总是比别人手上有一朵花的时间少，因为“别人”有无数个。这是道数学题？不。是心理学的题目？也不。只是生活最真实的内容，只是我们忘记了安放它的位置。报上有这么一段文字：“姚明对他的朋友说：‘生活能选择吗？永远像现在这样，我羡慕你清闲，你羡慕我有钱。’”也许不只是姚明和他的朋友，有这种互相羡慕，或是互相欣赏，遇到另外的情境，手上的花会长出刺，还会是互相妒忌。我们更多的不是面对姚明，因为爹妈没有给你这么一副高大体魄当本钱，我们每个人更多的是面对身边的人，同事、同学、邻居以及各种圈子里的熟人。在这个时候，常常会因对方手上的“那朵花”而心生羡慕，甚至心生妒忌，心生不平之怨：老天爷，怎么好事都落在他的手上！

姚明对他朋友所说的话，是老实话，但不是什么真理和高论，因为那只是一块硬币的一面。只看到这一面，就自然产生羡慕甚至妒忌之心。这句话换一个人来看，比方我，我就这么想：有钱的姚明这下子没法子过我这样自由自在的日子了，我得感谢老天让我能有如此清闲的一段时光！于是我拒绝让我的钱包去和NBA的钱包打比赛，我愉快地安排这段清闲，读几本好书，写几篇文章，包括这一篇正在写作的短文。

这短文就是从读到姚明的话引出，我觉得姚明可爱的坦白中也有一丝不完全清醒的坦率。不是手上那只篮球才是命运赐予的鲜花，上帝既然是公正而英明的，那么，他一定也在你我的手上放有另一朵鲜花，只是我们眼睛盯着别人的手，而让自己的那一朵枯萎了。

我从另一段话，想到了关于鲜花和命运的故事。我们看了许多二战集中营的故事，这些故事，让我去知晓善恶，同时也让我思索命运。在集中营恶劣的现实生活中，囚徒们被剥夺了一切，而党卫军们则占有了一切，阳光、食物、水甚至清新的空气，这真是太不公平了，这个世界所有的不公平都集中在这个叫集中营的地方。但是活在这个集中营里所有的人的内心，在夜晚的梦里，却是另外的两种境遇，囚徒们“拥有”希望和明天，这明天和希望是维系他们生命的最好礼物，梦里会有蓝天、草地、鲜花和解放者带来的阳光下的自由呼吸！不是每个人都能得到，但只要活着就有希望得到！而党卫军们的噩梦，是绞架，是审判厅，是无休无止的追捕，只要他们活到战争结束，就会得到噩梦中可怕的预言！

集中营的故事有许许多多，但所有的故事，都是上面这个事实的具体化和个别演绎。真的，当我一次次重温苦难，我增加了对生活的信心——只要活着，永远不会被剥夺得一无所有，在手上还会有“一朵花”，只是你和我千万不要忽略了“自己手上的花”，哪怕它只是梦里的自由，铁丝网外面的绿草！下面这段话是当年集中营里一名囚徒的祈祷：“亲爱的上帝，别让我死在这里！请求你听我这一次！我要死在外面。我还年轻，请让我死在外面！我还想看一眼自由！请求你，让我看一眼自由再死。我知道自己不会活多久，可是，我想死在外面的草地上。”这就是一个人被剥夺得只剩下生的希望，当生的希望那么渺茫时，死也要“想死在外面的草地上”！在这个党卫军枪口下的死亡集中营里，还有比“渴求活着”更有用的东西吗？这就是亲爱的上帝给囚徒们最美的花朵，囚徒们用心血滋养着这朵花，直到集中营成为一个记忆，而苦难中的这段祈求，证实生命的美丽与顽强。

永远不要只会羡慕别人而忘记自己手上还有另外一种“美丽的花”。相信命运在关上一扇门的时候，会打开另一扇窗。一定要为生活找到理由，只要活着，就别让自己手上的那朵花枯萎了，请留心关爱自己手上正在开放的花，上苍让你活在这个世界，就不会让你的手空着！

我们不可能每个人都成为姚明，但我相信每个人手上都有一朵花正在为你开放，那是命运的赐予，请留意你自己的花，别让它枯萎了，只要你关注了它，你的生活就一定会变得不一样了！

雨巷与夜灯

戴望舒的《雨巷》是首好诗，但好到几乎一开朗诵会就有人上台，也大大地超值了。有人总结了朗诵会的“老三首”。老三首是逝去的前辈诗人诗作，一是徐志摩的《再别康桥》，二是戴望舒的《雨巷》，三是闻一多的《死水》；还有另一个版本，一是艾青的《我爱这土地》，二是臧克家的《有的人》，三是田间的《假如我们不去打仗》。后一个版本前些年朗诵得多一些，因为战争的硝烟没有散尽，革命的号角还响在耳边，这些诗属“火”，让人热血沸腾。这几年的老三首徐志摩、戴望舒、闻一多的上台多一些，原因很多，这些诗人都是学者教授型的，这些诗作选入了中学课本，这些诗歌都有音乐性的特点，读起来朗朗上口，抑扬顿挫，能表现朗读者的才华。还有一个特点，就是这三首诗都是属水，河水、雨水、死水。这里面有什么道理，我想会有论者感兴趣，我愿贡献这个选题，希望读到方家高论。戴望舒的《雨巷》一直受朗诵者热爱，除了优美的意境，极富音乐感的诗行节奏，还有一个重要的原因，就是戴望舒表达个人惆怅所选用的场景：窄巷、细雨、伞、姑娘，构成的戏剧性的场面，唤起了听众内心的体验。

这是最直接也是最现实的渴求——在雨中有一把伞，哪怕是一个陌生人，与你共用一把伞，走过一段路。有部电影叫《雨中情》，其实，城市里我们常会遇到这样的事，一个人伸过他的手，让你在他的伞下，走过一段路，只是很短的一段，从剧场的门口，走到公共汽车站的雨棚下，或者是从超市大门，走到地铁的入口。这也许是最短的邂逅，也许是最短的同行，也许是最陌生的共伞，这会让我们记住，人与人有时就需要这么一段缘分。一次互助，不求回报，无须理由，甚至不知姓名，很快也许连模样都忘了。它会让人感到温暖，这种温暖让生活多了一缕射进心房的阳光。戴望舒没有与那个姑娘共伞，但是雨巷中那把伞，留在了诗行中，温暖了多少听众的心？记得重庆的诗人李钢，也曾写了一个电视散文，并且在电视中充当角色。这部电视散文讲的是这样的一个故事：一个男青年在雨中遇到一个女孩，女孩主动地让他与自己共伞同行了一段路，送他到了车站。后来，当这个男青年再次见到这个女孩的时候，女孩不理睬他，而且把他当做一个马路求爱者躲避他。我是在当星光奖评委时，看到重庆台送评的这部短片，我给他投了一票，但只给了个三等奖。为什么？我认为诗人想表现人与人之间更多的信任与友爱，看到了人与人交往中的戒备隔阂，值得肯定。但是，人与人之间的交往，特定的时间和场所对人们心理影响不一样。在雨中，一个心地善良的姑娘会毫不犹豫地向身边的人伸手递上雨伞，与这个陌生人走过一段从商店到公共汽车站的路。然而，在阳光下，这个姑娘绝不会让一个陌生人与她共伞，与她共伞的只能是她的亲人或情人。诗人李钢电视片里的小伙子，在雨中与姑娘共伞同行，美滋滋的一次“艳遇”，这是上天给他的好事，让他遇到一个好姑娘；但雨停了，天晴了，小伙子还想钻进姑娘的伞下，那就是另一个层面上的问题了，所以，吃闭门羹太正常了，还想在阳光下重复雨中情，那正是诗人的浪漫，要继续下去，那就是一个现代都市言情剧了。

在生活中感动我的常常就是这样一些非功利性的、偶然的、让人感到温暖的细节小事。不是所有的事，是与远大目标有关的，远大目标当然重要，在地上最远大的目标是共产主义，在天上最远大的目标是天堂，有人信也有人不信。真信的人都会变得崇高而纯正，尽管这样的人不多，他们都是高洁之士，值得尊敬。也不是所有的事，都是与金钱相联系的。把所有的行为都与金钱挂钩，这样的人尽管让人瞧不起，但他们也活得实在忙碌，顾不得听旁人品头评脚的闲话。毛泽东说过真懂马列也就是真信共产主义的不过几百个人，每年富豪榜上面算是真有钱的也为钱而活着的也不过百十号人，居高胜寒，这些人都有非凡之处，让人仰视。

绝大多数的人，也许和我一样，向往着远大目标但不敢说掌握了多少真理，为生计奔波挣有数的钱钞更不能说超凡脱俗。然而,在并不富有并不脱俗的生活中,我发现我最富有的是上苍赐予的善良与敏感,让我发现生活中那么多美好的瞬间,就像雨中陌生人递过的伞,就像黑夜原野远处的灯,让我心存感激,为比诗更美的这些瞬间。

这也是一个瞬间,那是在马其顿诗歌节的一个夜晚,在那间陌生而宽大的酒吧,在欢乐的人群包围中,在摄影机照相机闪光灯的喧哗中,一只手悄悄地伸过来握住了我的手,那是一只姑娘的手。我刚想扭过头看她,这小手使劲捏紧一下,于是我停住了,好像什么事也没有发生,直到那只手松开,一起合影的各国朋友散去,我也不知道是他们中的哪一位刚才握住了我的手。啊,在关于马其顿的所有记忆中,有一只姑娘的手让这次旅程充满异国的温馨。

感谢有这么多温暖的细节,像一把伞撑在头上,让我走过多雨的人生。

春天来了,树木飞向它们的鸟

今日闲翻书,读到犹太诗人保罗·策兰的诗句:春天来了,树木飞向它们的鸟。一下子让我呆住了。真好!真是一句好诗。春天是诗人永恒的主题,正如爱情,也如友谊,上下数千年,纵横数万里,掰着指头数不过来的诗人,箩筐也装不完的春天的诗。我不认识保罗·策兰,但就是这么一句,我相信这是一个够资格的诗人。树木飞向它们的鸟,多好的诗句!就是将常人眼中看到的事物稍稍变了一下角度,就是主观地说出自己的想法,把人们认定的自然现象和科学道理稍稍扭动了一下。一句话就把一个生动、活泼、充满朝气和神秘魅力的春天创造出来。大概这就是诗人的特殊才能,语言的点金术。也正是因为看似平常的语言全因特别的表述而展示魔力,所以才有那么多的人,痴痴地与语言角力,像一个掘金者,在语言的老坑道里劳作。大多数的劳作者写出了一本又一本的诗集，却没有唤醒语言的魔法。真正的诗人在今天，在过去，在未来，都是写诗人群中的少数。

保罗·策兰的这句诗，诱发出另一个诗人的话："诗是对生活的纠正。"这是著名诗人帕斯的名言。让我们想象那些大树欣喜地向鸟儿们飞去，飞翔的梦让它们长出了自己的羽毛，那些绿色的叶子和嫩绿的枝条。大概在二十年前，我谈自己的诗歌创作时，也用树来描绘自己的心态。"我也有我的困惑，我曾以树的困惑来描绘我的不可摆脱的窘迫：根扎进了传统的土壤，越扎越深，而枝叶却以叛逆的姿态向天空伸展，展示一个飞翔的梦境。"(1988年《叶延滨诗选》后记)这段写于二十年前的话，是用树的形象表述我内心的困境，但从这一句话，我认定，我心目中的那些树，是梦想飞翔的，那些在风中摇曳晃动的枝叶，正是飞翔的姿态。也许正因为如此，当我读到"春天来了，树木飞向它们的鸟"，我的心被震惊了，保罗·策兰说出了藏在我心里的感受。

诗人何为？诗人面对的是语言。多少人说了千万遍的话，你需要重新诉说，在重新诉说中，让读者倾听到藏在自己心里的那些与生命有关联的话来！就表面的生活而言，我们生活在一个程式化的时代，数字化的时代，官话和套话充盈的时代。也许就政治、经济和社会生活而言，这叫做现代化进程中带来的社会生活更便捷，更有规矩，更规范，也就更合理。我们在法律条文、合同文本、首长讲话之类重要而枯燥的语言中，得到社会生活所必要的条件和保障。但我相信，我们每个人的灵魂仍旧充满着梦想与渴望，从某种意义上讲，是与大观园里林妹妹心灵相通，也与天子呼我不下船的李白精神相通！

这让我想起了近年来，我所在的《诗刊》开展的"春天送你一首诗"大型公益活动。这些年随着社会经济发展和文化消费的多样化，“诗歌消失了”的种种说法在媒体上时常出现。《诗刊》下半月刊编辑部的编辑们，发起了“春天送你一首诗”活动，每年4月开始，加盟此活动的城市、工矿、学校，就和《诗刊》一起开展各种诗歌活动，朗诵会、研讨会、诗歌比赛、送诗读诗等各种活动，一发而不可收。几年来，在全国已有一百多个城市举办了这个活动。我每年都参加“春天送你一首诗”的活动，那些生活在底层的人们对诗歌的热爱，常常让我久久难以忘怀。记得去年在苍南一所打工子弟小学观看孩子们朗诵诗歌表演。精心布置的舞台，孩子们全心投入的朗诵，特别是操场上站满了他们的父母。这些在城市还没有“户口”的孩子，站在舞台上展示自己的才艺，用诗歌表达自己的希望和梦想，听着听着，我的泪水挂在脸上。我想，也许对于我们这些成人，这次朗诵会只是一次观看，但是对这些孩子，却是人生第一次超越，一次把握命运的演练，一次梦想的放飞！

春天是什么？春天是一棵小草，是一朵小花，是一只雏燕，仅有这一些还不够，还要有诗，诗就是我们灵魂季节里的那一棵草、那一朵小花和那一只雏燕。因为有了这叫做诗的东西，我们的生活从此不一样了，我们才那么多地感受着世界，感受着：“春天来了，树木飞向它们的鸟。”多好啊，有了诗歌的春天如此迷人……

文坛内外击节录
——文艺及世象杂谈十六题

细节是生活的证据

几十年过去了,一个人说自己生活了几十年,真是一件奇妙的事情。比方说,就在刚才,闲了下来,望着窗外发呆。也许我就这么呆呆地站着,脑子没有闲着,在想事,想两个字“调动”。先不说调动,就说想事,年轻气盛时,想的事情大多是将来的事情,无论这个将来是明天还是明年,都在“向前看”。顺利时向前看,逆境也向前看,向前看是让年轻人天天向上的动力。过了五十,想事情,常不知不觉地陷入回忆,回忆就是向后看,看自己走过的路,经历的事,相处的人。唉,回忆是人生的证明。证明什么?证明我在这个世界上真实地存在过。几十年过去了,我们生活了几十年?几万天?几十万小时?许多都变成了空白,被遗忘了,如果这些经历过的事与人全装在脑子里,多累呀!不会全都忘了,留下来的还有细节,也许时间不准确了,地点不清楚了,但细节依然生动。

想到调动，在我的履历表上，有这么一行：1972年10月从总后延安军马场供应科调洛阳2837工程政治处工作。有时间有地点有工作单位。但对于我，回忆中的是如下一些细节：总后军马局在延安南面的富县山区建起了军马场，这里原先叫任家台林场，山高林深，林业资源丰富。军马场建起不到一年，与地方争利，经过北京的批示，军马场撤销，原军马局调进人员撤走，调进物资撤走，原林场职工和招收的插队知识青年留下交地方林场。这是这次调动的背景，如果有人要调查此次调动，我会告诉他。但对于我，这次调动给我留下的是这样一些细节：我是场部机械库保管员，这天正在清点库房，忽然人声喧哗。知道被留下的知识青年十分愤怒，场部附近连队的知识青年冲进库房，抢夺摆在院子里的拖拉机。我大惊，顾不上多想，跑到院门口，用链子锁上了木栅门。“打开！”“这是我负责的，你们没有手续！”“揍他！”冲突中我挨了打。十分钟后，双方负责人赶到，有人送我去医院，无大碍，面部有肿块，手臂有伤……当天，上面来的军马局最高首长在大会上表扬了我，并决定我和场供应科其他三名知识青年，四人和部队一起调走……几天后，军马场党委批准我“火线加入共产党”……移交到了后期，几十万现金，“流动资金”上级要求“汇回军马局”，但当地银行已与接收方合作，只有到六十里外的县城才能汇出。我和出纳小蔡各骑一辆自行车，悄悄出发上路。几十万现金夹在后座的麻袋里，一路飞快骑行。从任家台到县城，大多数地段，荒野无人。在军马场进驻之前，这里是陕西甘肃两不管地段“盲流聚居区”。如果走漏风声，我和小蔡性命难保。早上出发，下午才骑到县城。进了银行，首先给场部供应科周荣斌科长打电话：“到了……”然后把两麻袋钱交给周科长电话上点名的银行负责人。银行那些人的眼光好像说：“这是来送钱的还是来抢钱的？”当时我也想不通，为什么让我俩骑自行车去送钱，场部不是有汽车吗？事后我才知道，供应科不全是撤走人员，派车在当时是件不小的事，怕派车走漏风声被人劫道。

这件事，让军马场到富县县城的几十里山路风光一直留在我的脑海里，成为细节中的细节。细节组成的这些事件，只能发生在刚从农村招到军马场的这个年轻人身上。如果在今天，我会去阻止那些抢拖拉机的人吗？我会忘记了我将留在林场而这拖拉机将被部队运走，而我在它们运走前还会履行保管员的责任吗？我还会不假思索接过一麻袋钞票就骑上自行车走上六十里山路吗？细节就是生活。历史则不一样，历史在新鲜的时候叫新闻，新闻有五要素：时间，地点，人物，原因，结果。有了这五要素，新闻变成旧闻时，就自以为防腐不会变质了。但只有五要素的历史，没有细节，也就是失水的干花和水晶棺里的木乃伊。记者和史官们记下了五要素留下了历史，而作家要记下细节留给生活。作家从本质上说，是幻想者如果他年轻，是回忆者如果他成熟。

细节是证据，证明你生活过，不是一个名字，不是一场表演，更不是一次报告。让我们最记不住的就是那些报告，那些永远正确而过时作废的话。也许我记住了一场报告，因为工作组长念着："我们要努力奋……接下页……斗迎接新胜利！"他念出"接下页"催动全场大笑，他也笑了："狗小子，看我收拾他！"啊，这个报告因为这个细节而活了，活着的细节让回忆充满笑声和汗味……

情书像一片落叶

儿时爱集邮，最早的一本关于集邮的书，开篇是这样一个故事：

一位绅士在乡下散步，遇到邮递员给村庄里的一个女士送信。那个时候，邮递员把信送到收信人的手上，由收信人付给邮资。这位女士拿过邮递员送来的信，摇摇头，不愿接收这封来信。好心的绅士上前对女士表示愿代她付邮资，女士依然拒绝收这封信。邮递员只好收回信走了。绅士关心地向女士询问原因，女士见他是位好心帮助自己的人，就说："对方与我约定好了，他如果平安就在信封上作一个暗号，我看到了暗号就放心了，也就用不着再付邮费了。"据说，这位绅士后来就成了邮票的发明人。

这个故事说的是，信件的基本功能是"传递信息"。作为传递信息的信件，当它传递的是两个人的感情时，就叫做情书。当人们不仅把信息传递给别人同时也想把情感传递给别人的时候，写作状态就进入了"文学创作"的状态，激情澎湃，把最美的语言编织成篇，几乎所有的情书都是这样产生的，青春、梦想再加上激情。高尔基谈到文学时说过：人们为了赢得女性的欢心，于是创造出世上最美的诗篇。换句大路说法：每个年轻人都是诗人。情书是传情达意，诗也是传情达意，因此，在这一点上，情书的作者在写作时的状态就是变成了一个热爱文字的诗人。

当然，如果天天能见面，也用不着写情书，情书生产还有一个前提：距离感，恋人之间各自一方的空间距离，恋人通信来往需要十天半月的时间距离。爱恋再加上距离感，情书的生产就有以下的流程：因思念而动笔——因努力要打动对方而字斟句酌精心写作——信件在邮路上的时间成为一种阅读上的期待和情感酝酿——读信者由于期待加热爱再加痴迷使情书百倍增色！

这就是人类的乡村时代，也是文学的黄金时代，更是爱情的纯真时代。乡村生活方式与文学高贵的身价再与爱情梦想，互相证实对方的存在——羞涩、激情而朴素。

时过境迁。物质空前丰富让人们在声色充盈的时代，突然发现自己的感情变得苍白而乏味了——竟然没有人去写情书去读情书，就是读了也觉得不再感动自己了！情书消失，这也许就像一片叶子从树上落下，没有人觉察，但这片叶子说，这树不再年轻了！

不再年轻的人类进入了都市时代、信息时代和网络化时代。没有空间距离，也没有时间距离甚至没有年龄距离。一个少女，突然春心萌动，于是她取出手机："喂，是我，怎么不想我了？想，那就一起吃个晚饭，老地方？换个地方！"不到一分钟，是情感？传达了！是嘴馋？解决了！是欲望？表达了！食色性也，无论要什么，迅速达到目标！

啊，我面前这个一千多万人口的城市，人流如潮，每个人都举着一部手机，那就是当年贾宝玉脖子上的那块石头啊！

情书像一片黄叶落下了，在城市里，落叶很多，不过很快会被清扫干净。

从陪英国作家在中国坐火车的经历谈起

英国大使馆文化处的赵丽小姐来电话："中英作家列车漫游中国的文集《灵感之道》已经出版了，想请叶先生参加首发式。"啊，已经出版了，真快！她的电话唤起了并不久远的记忆，去年的深秋，我参加了"中英作家列车在线"漫游中国的活动，四位中国作家和四位英国作家一道，坐了一万公里的火车，在火车上度过了一百个小时，在近二十天的时间里，经上海、北京、重庆、昆明、广州、香港，在中国转了一个大圈子，对中国的现状有一次"浮光掠影"式的观察。英国大使馆文化处举办这样一次活动，并把它叫做“灵感之道”，的确有点英式风格。

我坐了无数次火车，大概这次旅行成为我所有列车之旅的“空前绝后”。我参加此次文化交流的最早的一个念头是：“英国人的脑子进水了！”疆域辽阔的中国不是英伦三岛，坐着火车想在中国跑一圈，这几乎是一种体力劳动！参加这次活动，我弄明白了两点，一是中英文化交流的活动在铁轨上进行，再一次让我们重温了工业文明史，英国人发明了火车——这正如中国人发明了丝绸，所以农耕文明的中外交流我们冠以“丝绸之路”；第二，我们所经过的路线，是英国人近代进入中国向内地发展并最后在1997年退出香港的路线，这是英国文化的怀旧之旅，也是中国人自己认识自己的一条线路。

这些都是太理性的东西了。生活并不是如此刻板和绅士。《灵感之道》是一段岁月的结晶，不同的人生，在两条铁轨上画出的也是不同的“灵感”。火车，这个曾经代表一个伟大时代的象征——工业文明的象征，今天开始让我们怀旧了！

小说家张者，与我同坐一个包厢，他总是在电脑上敲敲打打，又不时接收各式手机短信，好像是一个勤奋工作的外企白领。读到《灵感之道》上他的文章《城市短信》，才知道他在如此严肃庄重的火车上，与一位网上认识的从没有见过面的广州姑娘“加速对话”，以便在我们到达广州与她见面前有充分的“情感热身”。这实在是让列车留给我们的情调变了味，像有人动过了我们熟悉的奶酪。火车还有被蒸汽弥漫的火车站，那是伤感与浪漫的空间，是电影导演想象力一旦衰退就求助的煽情场所。当然，这种情感是前工业时代的，是承诺与期待，是盼望与守候，是列车时刻表般人生的正点或晚点，是列夫·托尔斯泰笔下安娜爱与恨的最后终点站！

我曾写过短文记录了我在加拿大乘飞机的一段小故事，我身边发生的一次空中最短暂的情爱史：一位中途登机的女士与邻座的小伙子两小时的情与爱。我特别写了，当他们分手的时候，没有互相留下电话号码。是的，飞机与火车不同。火车有站台，有最后的告别，有车窗一点点的远离和景色渐渐地变化。也就是说，列车给我们留下的是具体的、现实的、甚至生猛鲜活的感受，它是人生故事中的一个章节，也许还是开篇、高潮和结尾。而飞机不行，除了国家元首，我们从不能在飞机前与亲人告别。航空港里总是晚点的等候，让登上飞机的心情，变成一段无聊时间结束时带来的轻松。

我们经历过火车运给我们的时代，无论是大声鸣叫的汽笛还是车轮和铁轨冲出的铿锵，都曾注释着“红色风暴”与革命理想。新中国成立时的“毛泽东号”虽然是老式的蒸汽车头，但好像真的拉动了这古老的国家。还有那首著名的长诗《西去列车的窗口》，贺敬之把中国的理想主义，形象地倾注到这首表现青年一代奔赴边疆的长诗中去了。好久没有听到这首诗了，大概因为火车在今天已经不再是时代的“形象代言者”。这个时代果真换上了“香车美女”充当代言人了吗？说不清。火车依旧在中国的大地上奔走，只是它总是与乡下人打工进城务工潮和春节返乡潮一起出现在各种媒体。啊，如牛负重的列车连接着两个站台：农业的中国与都市化的中国、昨天的中国与明天的中国。当然，今天火车在一次次地提速，提得我们已经不能叫“火车”，而是叫时尚的名词“动车组”！

无论如何，火车和与火车相关的一切，让我们怀旧，让我们重新体验有重量的情感，这些情感有沉重的喘息，有弥漫的烟雾，有挥动的小旗和高举的信号灯，有山重水复的旅途，有家乡小站飘飞的黄叶，有站台上无数挥动的手，而向我挥动的那双手，此刻又在何处？

感谢火车！每次想到这个又笨又重的家伙，我都再一次体会到，人生如梦，只因有过那么多有分量的情感，我们才如此结实地站立在这颤抖的大地上……

车站的故事

我们经历了一个电影时代，在电影时代之前是戏剧时代，在电影时代之后是电视时代。与电影时代同时光荣的是火车时代，正如与戏剧时代同时风行的是马拉轿车，而与电视时代同样炫目的是高速公路上的汽车。

电影传统中经典的爱情故事，认真想一下，都与车站有关，或是发生在车站，或是相聚或别离于车站，车站成为了一个时代爱情故事的背景。

爱情一成为故事，就和日常生活发生偏移。日常生活中的爱情，在火车出现以前，是与马拉轿车相关的，而有一辆马拉轿车，是贵族生活的一部分，因此，在火车出现之前，舞台上的爱情故事，都是贵族和上流社会的风流韵事。戏剧是成本很高的表演，小小的剧场几十个甚至上百个演员，为几十个或几百个观众演出。而在这些观众中，主要的还是坐在包厢里的观众，他们同时也是剧场里的另一种主角。因为人们到剧场不仅仅是看戏，还是社交，而社交的主要角色坐在包厢里。

电影和影院的出现，使电影故事成为电影院主要的吸引力，黑洞洞的影院不再成为大社交场合，变成了小社交场所，请恋人看电影成为一种私密性很强的谈恋爱方式。电影内容最重要的题材是爱情故事，而爱情故事最常用的场景是火车的站台。火车站台是现代最具有象征意义的场景，站台是相聚与分离的地方，火车定时的运行，相聚与分离都有规定的时间并且这种规定性会产生期待效果。在此之前的马拉轿车，没有月台，也没有运行时刻表，它的故事总是引出意外和传奇的戏剧因素。这种贵族爱情故事，最后结束于《安娜·卡列尼娜》，那个最美丽的贵妇人扑向隆隆驶进车站的火车！这是一个时代性的象征，贵族式的爱情故事被“时代的列车”轧碎了。从那以后，我们看了无数部与火车站有关的爱情电影，那里有一个重要的变化，爱情故事的主人公都是当代平民。电影就这样，把平民的爱情故事运进了大众视野，同时也让大众在一个半小时常规电影时间里体验爱情滋味——浓缩了的相聚与分离的滋味，火车站也就成为最为导演们首选的象征意义和实境具备的场景。火车的母体是蒸汽机，正是这个吞火吐气的大家伙把社会拉进了工业时代，而工业时代的艺术骄子就是电影，可以大量地拷贝和每个拷贝多次重复地放映，使电影变成平民消费的艺术而让高雅的戏剧淡出，不再具有当年的无限风光。

时代就这样从马拉轿车上走下来，走上了隆隆列车来往的站台。只是时代不是总在站台等待情人的少女。当电视所代表的信息时代跨进每个家庭的客厅，电视机与电话、手机、电脑共同充当每个家庭的成员时，电视成了这个时代的娱乐总管，让爱情故事走出火车站，让爱情故事重新和日常生活贴近，絮絮叨叨，婆婆妈妈，家长里短，姑嫂妯娌，争风吃醋，儿女情长……像长舌妇一样没完没了的家庭肥皂剧和情爱连续剧充斥着每一个家庭的客厅。真像俗语说的“屁股坐在那里，立场就会不同”。坐在剧场包厢里的古典爱情与坐在电影院里的经典车站爱情，比起坐在家庭客厅里的电视连续剧爱情故事，不可同日而语。

永恒的主题，就因讲故事的地点（剧场、影院、客厅）不同，变得就如此面目全非。有趣！

耍嗲犯横

在当今的电视剧中，为了让一个故事演上二十集以上，成为长篇电视剧，导演总有许多掺水加料的办法。其实，如果故事紧凑一点，观众更爱看。但是，电视剧说是给观众看的，摄制的动力是背后还有的两个大牌：一是投资，投资按集计算，集数越多，投资越大，电视剧的制作方知道，同样的制装置景，多演几集就更省成本。二是广告，电视剧的贴片广告是播出方的重要收入，集数多，广告上得多。

要能把一个电影的素材变成电视连续剧，自然要猛加作料。在各种作料中，最能蒙住观众的就是四个字“耍嗲犯横”。怎么讲？耍嗲，就是女主人公无事生非，天下本来没有事，小心眼一动，生出许多事来，于是故事就九曲十八弯地朝前发展。女主人公耍嗲，谈恋爱找男朋友的碴，当老婆怀疑男人当上业余“纪检特派员”，当婆婆挑媳妇的毛病挑到针鼻里去了，总之，一个在现实生活中让人避之不及的女人，在电视剧中是推动情节步步深入的“一把手”。如果电视剧中没有这样的女一号，那么一般就会有一个男主人公遇事总是横不讲理，认死理，或者他的道理总是与世人背道而驰，理不清越理越乱！这样，常理下可以顺利解决的事情，就越走越坎坷，越看越窝囊，越想放下就越放不下。

女嗲男横，让观众看得叹气，看得着急，看得不想看却又想知道“大结局”。这种耍嗲犯横的人物，在电视剧中还会有对立面，那就是又贤惠又受气的女人，再加上又窝囊废又顾脸面的男人。

我们作为观众，就这样傻乎乎地坐在电视机前，看女人耍嗲，看男人犯横，于是我们解脱了，因为我们生活得虽然很累很辛苦，但毕竟没遇上这样的《中国式离婚》中的女人，这样的《别跟陌生人说话》中的丈夫，谢天谢地，当我们离开电视机的时候，我们庆幸自己家里的日子过得还正常。

现实中有没有耍嗲的女人和犯横的男人，当然有！

两种人可以理解，一是正在谈恋爱的女人，耍嗲生事，是这个年龄段的女人的专利，耍嗲生事是谈恋爱正常的节目，就像考大学总要写一段八百字的作文。要嗲生事，也叫两性间的磨合，能互相容忍吗？互相容忍的底线在哪？遇事谁说了算？说了不算又会怎样？总之在这个游戏中，或磨合成功，或分手了事。二是在家当独生子的男人，犯横不讲理，家里人都得捧着，谁叫他是唯一可靠的“接班人”呢！

除此之外，现实生活中，那些耍嗲犯横的人，多是人见人烦，避之不及。为什么？没资格，也没本钱！徐娘半老还在耍嗲，看她表演的又没有一个是“准夫婿”，这时就叫顾影自怜没人搭救，小女生能做的事过了那年纪就千万别再做，耍嗲像酸奶，过了保鲜期千万别尝！满脸褶子的大爷，也想犯横，一般是手上有几个钱，或者捏着一点权，财大气粗，官升脾气长，这种人犯横不讲理，当面没有人拦着，背后没有人当真，为什么？他不是自己的“唯一接班人”，跟他生气谁都觉得不值。当一个男人满脸褶子还在犯横不讲理，他就在表明一个事实，他知道自己没多少分量，只好大嗓门提醒别人：“别以为我没本事，老子还有钱还有权！”

耍嗲犯横，我们都见过，在戏中和现实中，只是，许多人忘了，这是最容易出现在错误的年纪、错误的场合的一出错误的表演。

诗人是个什么样子

在作家圈子里，小说家和报告文学家该是什么样子？没有人去深究。散文家和批评家又该是什么样子？也没有人去讨论。但一说到诗人，差不多每个人都有自己心目中的样子——

长得帅气潇洒，举止风流倜傥，言语幽默生动，这是年轻姑娘心目中的诗人样子，徐志摩大概是个例子。长得呆头呆脑，啥事都干不好，言语的伟人行动的矮子，除了写诗之外一无所长，这大概是一些官员特别是行政首长们心目中的诗人样子。长长的头发,迷茫的目光,永不成功的爱情再加上永远失败的婚姻,偶尔冒出的好句子再加上永远说不清的胡言乱语,这大概是文学圈某些人士对诗人的画像……

我们常常听到这样的话:"他是个诗人嘛。"这句话是个多义指向,不同的语气,不同的言者,不同的语境,具有不同的含义:一、他是个有才华的人。二、他是个率真的人。三、他是个多情的人。四、他是个说话不算数言过其实的人。五、他是个一事无成的人。六、他是个不拘小节不修边幅的人。七、他是个不可靠的人。八、他是个有情有义的人。九、他是个夸夸其谈的人。十、他是个不可重用的人。十一、他是个穷酸而又不会理财的人。十二、他是个虚情假意两面人格的伪君子。十三、他是个无用的好人……

我的发现与我也被别人称为"诗人"无关,也许我的发现与我的职业有关。我当了近三十年的诗歌编辑,从业余编辑、编辑当到主编,天天都在与诗人打交道,而我认识的诗人又是千差万别,几乎没有两个诗人是一样的!我有一本诗集题目是《在天堂与地狱之间》,如果作一个类比的话,在我认识的诗人中,从天使到魔鬼的各个阶梯上也都有诗人的影子。

诗歌是人灵魂的镜子,每一首诗都是灵魂一次X光底片。因此,有什么样的灵魂就有什么样的诗歌和诗人角色。

其实,诗人不是一个社会职业,事实证明了,从皇帝到乞丐,从圣贤到流氓,从贵妇到妓女,都曾经出现过诗人,都有写诗写得优异者,也有写诗写得糟糕透了的!

对了,诗人就是会写诗歌的人。除了写诗歌这一条之外,他还有更为重要的社会角色,从皇帝到乞儿,从圣贤到流氓,从贵妇到妓女!

是的,在会写诗歌的各种社会角色中的一些人,因为逢遇机缘,诗歌得以传播,诗名得到承认,他的社会角色(公务员或教师等)被人忽略了。而这些写诗的人也以自己是“诗人”而骄傲,于是诗人成了人们常放在某些特定场面上的身份代表了。

在某个时期,某位风流倜傥的先生名扬天下,于是诗人是风流的代言。在某个时期,某个自杀者或神经病人的诗歌得到追捧,于是诗人成了神经错乱的代言。在某个时期,肉欲和享受成为一些人的时尚,于是诗人中的另类出位者,在被推崇和抨击过程中也成了诗人的代言!

有人说诗人重要,认为他们的作品左右着一个时代的风气;其实,事情往往也会是另一面,时代的风尚会从不同创作倾向的诗人中,挑选那些“适宜大众时尚趣味”的诗人,从而使他们成为“著名诗人”或“新锐先锋”。

因此,多少年来,我谈到诗人是什么样子的时候,都不用一个模式去表达我的想法,因为任何“关于诗人是什么样的人”的表述,都可能与实际情况相悖。我只是提出一种希望,一种我欣赏的诗人品质。90年代在《星星》当主编时,我提出过“向善、向美、向上”,这是一个指向性的标准,在不同追求的诗人群中,都可能有向善向美向上者。近两年我所在的《诗刊》也一再提出“健康人格健康诗风”,也是一个在不同风格诗人中都可能找到的共同点。这也许算我们对“诗人是个什么样子”的期许,但愿这个并不“神化”的想法,能为更多的诗人所认可。

糊涂是快乐之源

现在人们越来越活得快乐了,因为有人说现在娱乐成了人们生活中最重要的事情之一。

娱乐者,逗人快乐也。相声大师有话:“逗你玩!”如果娱乐中,你想保持清醒和绝对的理性,那么,你不会开心也不会笑,你会痛苦,你会发现在“娱乐圈”中,人们不是疯子就是傻子。

你生气，你痛苦，到最后，你成了孤家寡人，站在你四周快乐的人们都指着你说："瞧，这个人多傻！""不，他不傻，是疯子！"事情会这样吗？就是这样！不信，我们看一看正在发生和已经发生的事情。

一场轰轰烈烈的超级女声落下了大幕。落幕后，有许多声讨和质疑的声音。怎么会是这样？他们唱得真是最好的吗？中国人的审美怎么变得不男不女了呢？这么大的"群众运动"结果是让电视台挣了钱而已……所有的讨伐之声都忘了一个前提，这是一档娱乐节目。什么叫娱乐节目？就是逗你玩的节目。逗你看各式各样的"参与者"开心好玩的表演，逗你按动手机短信出资"埋单"，逗你猜谁能出局谁能得胜。当然，你要收看这个频道才能逗你玩。那么你是谁？别让那个高高的收视率吓着了，重要的是谁在看？谁是粉丝，谁是土豆，谁是地瓜？说不清楚吧？说不清就对了，娱乐就是让糊涂人在糊涂中开心过瘾！如果谁要开心想快活，又要百分之百地清醒，那么这个人真的是"有病了"！反正我听相声，我看刘仪伟的节目，绝对会放松自己，开心傻笑，不会去和娱乐明星们较劲！

一位热热闹闹的芙蓉姐姐在网络中走上电视走上平面媒体，然后引出许多议论（包括我这一段），退隐成为"曾经"的红人。芙蓉姐姐糊里糊涂过了一把名人瘾，也引出了许多争议，争论的误区还是忘了芙蓉姐姐的出现是一个娱乐事件，芙蓉姐姐是当下的一种娱乐人物。网络让网民娱乐，赚了点击率，电视台报纸跟进让读者和观众娱乐，也是与收视率分不开。这是清醒的媒体"逗你玩"，在你娱乐一笑中得到媒体实在的经济利益。有人说芙蓉姐姐装傻，有人说她真傻，但芙蓉姐姐的"卖点"就是一句成语"装疯卖傻"。只有芙蓉姐姐在"装疯卖傻"吗？不，赵本山的节目也是如此，只是观众认为赵本山是演员"装得像"，认为芙蓉姐姐是"真傻样"，难道不也可以说芙蓉姐姐“卖傻”虽是业余表演但更像真的，更高明？

一位红红火火的文化大师李敖在“神州行”中成了明星，引出了许多议论，克林顿也罢，连战也罢，都只在一所中国名校演讲，李敖居然跑了北大，又上清华，还进复旦，这就让许多人愤愤不平了。好像李敖真的如他自己所说的牛气冲天了。但我知道凤凰电视台刘长乐先生是李敖此行的老板，李敖是凤凰台的名牌脱口秀节目“李敖有话说”的明星主持人。别看李敖牛气，谁都敢骂，反正眼下他不敢骂自己的老板刘长乐先生（今后骂不骂那是另一回事情了）。我读李敖的书对李敖多有敬意，许多文章写得不错，但对李敖的讲演不敢恭维，因为作家李敖没有出现在北大、清华和复旦的讲台上，出现的是娱乐明星“超级男生”李敖。无论有多少叫好声，我以为，李敖把三场讲演变成了表演，实在是李敖一大“糊涂秀”。中央台“东方时空”采访李敖时，女主持人不经意地说了一句“虽然李敖说话不算数”，男主持人随意地问了一句“你这是文化之旅还是娱乐之旅”，实在是心里明白装糊涂地狠批了李敖！以骂人为特长的李敖，这一回笑嘻嘻地听了两个年轻的主持人当面骂了自己，还笑嘻嘻地糊涂领受了！刘长乐先生会当老板，导演“神州行”，把一个李敖当“超级男生”卖了。李敖自以为精明，却在娱乐自己的讲演中，娱乐了凤凰上升的收视率。

难得糊涂！糊涂一下，你就会给自己和别人带来快乐。无论是当一回超级女声的“粉丝”，还是当一回李敖的听众，无论是要震惊世界的芙蓉姐姐，还是在神州处处作秀的李敖，都让我明白了娱乐的含义：逗你玩！

低　声

我是在会场上发现本文题目的。开会的人大多带着手机。他们的手机常常让主持会议者特别地说一句：“请与会者把你们的手机关上。”当然也有不说这句话的时候，这样，手机响了，便是会场的一道风景：有趾高气扬者，手机一响，站起来便往外走，边走边高八度地吼叫，像是个抢险事故的现场指挥；也有低头缩脑者，手机响了，像鸵鸟一头扎到桌子底下去，“好、好、是、是”地嘀咕了一堆……在这些手机很忙、显得好像日理万机的接话人中，有一种人让我更注意：他拿出手机，看了一眼，没说什么，放到桌上，脸上平静依旧，连笑纹也不少一根。但过了三分钟，他出门去了，再也没有回到会场。他的消失，成了这下半场会议给我的悬念，一定发生了什么事情，这件事情让他消失以前，他还保持了三分钟的平和笑容！我仿佛听到他强有力的低声回话，一种压低声音的力量，一种风暴到来之前的宁静。

其实，压低声音更引人注意，甚至更有力度，是我们在日常生活中早就遇到的事情了。几个朋友相聚，其中总有一位力争成为话语的中心，就像我们打开一本杂志，总有某撰稿者拉开了架子在向你证明他是本期杂志的主题。朋友们也习惯要一个人来充当主持，就像麻将搓得哗哗啦啦，旁边的电视机也开着，让王小丫和倪萍喋喋不休也说着，那就是气氛。在七嘴八舌的交谈中，突然有一位压低声音，凑在另一位的耳朵边说了几句话。这个朋友沙龙谈话的低声部，不仅是他们两个人此次聚会的重点，也是每个人关注的细节。

满屋的人唧唧喳喳如同市场，突然一个人压低声音：“来了！”寂静，此刻，那个人的分量，以越来越近的脚步声，传到了每个人心里。

压低声音，有时，常是以一个转折词作为提示，这个词就是：“但是”。当高音喇叭把报告人的声音如同潮水般一浪又一浪地送进耳朵的堤坝里，在一堆又一堆文件精神之后，在一项又一项丰硕成果之后，在一个又一个光彩夺目的词汇之后，出现了这个“但是”……也许不是在报告厅，而是在首长的办公室，首长在问长嘘短之后，在充分肯定了你的全部贡献之后，在讲完国内国际大好形势之后，出现了这个“但是”……潮水退去了，礁石显露出来了，压低声音后出现的一切，坚硬而沉重。

压低声音的群体运动，在“文化大革命”中，常是传达到广大革命群众的“首长讲话”和“运动精神”。昨天是传达到某某级，今天是传达到哪一类人。倒不是怕外国人弄情报搞走机密，传达的内容就是“某某首长接见外国某记者的讲话”。这种集体低语，在我心里至今留下极深的烙印：你听不到吗？因为你不是“依靠对象”！多少人为了听到这种压低了的声音的“政治待遇”，一次又一次心力交瘁地努力“争取回到人民内部”，能有听传达上级精神的“政治待遇”。

压低声音，有时是请你退场。大家开会商量问题，讨论到节骨眼上，主持会议的人叫上某某：“请大家稍等一下。”他们俩退场了。我和你也许还坐在会议桌旁，但我们实实在在地感觉是在这几分钟，被请出了会场。就像电影上西式陪审团制度下的法庭，被告和原告声嘶力竭地辩论了几个月，最后是陪审团退场，把原告和被告晾在法庭里，体会判决前的不安。

生活中，我们还有另一种被压低声音请出场的情形，那就是“改说方言”。酒席上杯盏正欢，突然主人与他的副手俩人说起了广东话，笑容依旧，酒菜可口，只是让人感到你是被安排到这个桌子前的一个角色，而导演另有“潜台词”。

……啊，有人告诉过我们，在市场上，声音最高的往往是想把蹩脚货甩出去的。但是，为什么没有人早早告诉我，在生活中，那些压低了的声音，往往是更强更有力的呢？

随想随记

脸皮厚一点，这是许多人成功的起点。在现代社会，一个成功人士的标准，无论是钱多，权大，还是名气响，归结起来最后是“有面子”。钱多并不一定被视为成功人士，据说乞丐目前收益颇丰。但乞丐没有面子，没有面子，却能挣钱，要的也是脸皮厚，能装孙子能伸手能弯腰。脸皮薄，顾面子，见人就害羞，这样的人尤其是淑女，在古装戏里还有，现实中无法生活。现代人的脸皮厚一点，“社交礼节”就是讲厚到什么程度的学问。童谣唱：“脸皮厚，吃得够！脸皮薄，汤都没得喝！”只不过，当脸皮厚得超过了某一尺度，尽管他衣冠楚楚，尽管她香水霓裳，在别人眼里，也只算一个厚颜无耻的乞丐罢了！

有人认为，当领导就是要把蛋糕再做大一点，其实不然。领导甲做的事，是努力把蛋糕做大。他的部下，原先每人只分到一小盏蛋糕；经过努力，蛋糕大了，每人分到一大盘蛋糕。蛋糕分完了，意见也出来了：“虽然原先我们蛋糕小，但公平，最大三两，最小的二两七，只差三钱。现在大的有一斤，最小才九两，相差竟有一两，差别是三倍还多！”多给的记不住，少给的记得牢。另一位领导乙，不去做大蛋糕，也不去亲手分蛋糕，而是改变分配方式，让吃蛋糕者自己动手分配。结果手脚麻利的，多弄走一块，高高兴兴地走了；斯文而又动作迟缓的，只捡到一点蛋糕渣回家。事情过后，领导乙把应该做成大蛋糕的那些原材料，拿出来一点，做成袖珍蛋糕，到失败者家里“慰问”，令失败者十分感动。抢得多的人满意，失败者也满意。领导乙民意颇高，很快当了领导甲的上司。领导乙对领导甲说：“好好汲取经验教训吧，做事要公平，要关心弱者！”

主席台上，最像当官的并不引人注目。引人注目的是那些不像当官的却坐在主席台上的人。比方说,衣着不整者,便装休闲者,坐姿不正者,打盹假寐者,都让坐在下面的我浮想联翩。也许那些最不像当官的人最会当官,也许那些最会当官的人故意要做出无意江湖的姿态。这当然会影响会场效果,于是,现在的主席台上,几乎都穿着制服,让我分不出张三李四,也就不知道我不该知道的事了。

背过人去说谎话的人,是骗别人,这是小骗子。小骗子并不一定主观想害人,只是为了利己。传小道消息,说张三李四的瞎话,单位社区,坊间市井,都有这类人物,叫长舌妇,叫臭嘴。这种人总的说来是:损人不利己。大家常听其瞎话,对其有基本评价,损人之恶与其伤己"信誉度"之害,两相持平。当着知情人的面就敢当众说假话的人,算大骗子,大就大在敢骗自己。如果有人站出来说:"你在说假话!"直言者和说谎者都还没有修炼到家。我看到过这样的情景,一个人当着大家的面又哭又笑地说假话。所有听众都知道她在骗人,却一声不吭地听着。此情最妙!此景最绝!说话者没有骗住一个人,只是在骗自己:"我把他们都唬住了!"听众也像粉丝,用沉默为其加油:"我们都假装不知道你是骗子!你继续说你的谎言吧!我们不会当众揭穿你!"

选择朋友和合伙人,我们常常不自觉地陷于误区,常常被那些有"远大理想"的人所诱惑,而不了解他是不是一个有道德底线的人。有远大理想的人并不一定是合适的搭档,而有道德底线的人一般可以共事。我们所听到的"远大理想",都可以视为善意的谎言,或者说美丽的梦话。一个国家只有一个总理,一个城市只有一个市长,全球只有一个比尔·盖茨,远大抱负百分之九十九都可能落空,落空并不等于失败,所以"远大理想"风险成本不高。道德底线却十分当紧,每家人都有一个厨房,厨房里都有一把菜刀,菜刀之所以安放在厨房,是因为菜刀的主人知道使用它的底线在厨房。没有道德底线的人，无论理想多么远大，一旦需要，菜刀随时可能变成杀人工具！同样的，我们听到过用笔杀人的故事，那是“文化大革命”，整个社会都失去了道德底线，笔也能变成杀人工具。在那个年代出版的报刊上，还可以找到证据：众多文章中常用这样一个成语：口诛笔伐。

青春的另一重定义

青春是一个美好的话题，虽然，这总是像我这样远别青春的人，才絮絮叨叨地说青春的好话，美丽呀，健康呀，幻想呀，爱情呀，诗意呀，呀呀呜呜地说了一大堆，后面总是给青春挂上一个后缀：你们这些年轻人呀，赶上好日子，不懂得珍惜！当然，也许不这么冲，变个调，也是这个主题。

但年轻人不这么看，对于他们来说，青春意味着许多别的东西，是个烦恼和挫折最多的人生阶段。所以，上了年纪人的对青春的无偿赞美，对于年轻人来说，也许是言外别有深意的批评，或者是表明不准备兑现的一种远期“承诺”。特别是后一种，让年轻人知道了对青春的赞美不等于对他们的肯定。从小就知道“世界是你们年轻人的”，读懂这句话，是我满五十岁的生日那天。那天，我在南方一个美丽的城市参加一个盛大的诗歌讨论会，老中青诗人济济一堂，许多德高望重的前辈和首长，也莅临指导工作。我是会议的承办者，上下忙碌，各方招呼，希望大家都能有一次愉快的聚会。晚餐时候，一位前辈用夸奖的口气对我说：“小叶呀，会议开得不错，好好干，再过几年，就靠你们这些年轻人接班了。”本来我因开会忘了生日，此时，听到这话却有另一番滋味：“谢谢老领导，不好意思，今天是我五十岁的生日了！”一阵意味深长的“哦？哦！哦……”之后，许多老领导也走到我面前表示祝贺和感叹：“怎么，小叶也五十了，真是啊，好好，今天的寿星是你！”我记得，自从有了这个小插曲，从此以后，我算告别了“青春时代”——小叶改成了老叶，“著名青年诗人”删去中间两个字。

站在“五十”这个人生栅栏的另一边，看青春的含义，我认为，真正的青春的另一重含义是“出走”！也可以褒一点叫“出发”，也可以贬一点叫“叛逆”。

首先是生活的出走，离开父母，自立门户。这本来是个最简单的道理，但是由于我们进入了独生子女的时代，所以，父母能否接受这种出走，从小被呵护有加的子女能否有能力自立，显得格外“紧张”。最生动的画面就是孩子上大学了，万千父母千百里路陪送子女到学校，成了当下中国最有青春困惑的景观。

精神的出走是另一重出走。我们的父辈赶上了精神青春的社会变革，五四及其反封建，于是他们的精神出走写成了《家》《春》《秋》，他们的精神出走成就了《青春之歌》也记录了《莎菲女士的日记》。我们这一代，赶上了“文革”和动乱，红卫兵式的叛逆也在一场动乱中成为标志性的出走方式。今天的80后及其他少年精神记录，因为网络因为博客而显得更叛逆，因为这些媒介给了青春更多的话语权和话语平台。

情感的出走是最触动人心的出走，爱情的另一种表达就是把对父母的依恋变成对同代异性的爱恋从来都是一种“暴动”，《红楼梦》文绉绉地进行，而现代的贾宝玉和林黛玉却成为青春偶像剧的主角。

信念的出走总是从改变生活进而改变情感，最早的信号来自《人生》里的高加林，因为他不恋故乡和故乡的情人而成为现代陈世美，但他追求更好的生活方式，这一种欲望，成为吃螃蟹的第一人，民工潮和打工仔们，将“好男儿志在四方”变成离乡背井的时代大潮流——民工潮。这个青春之潮不仅推动了中国而且推动了世界，只因为年轻人看到了外面的世界太精彩！

思想的出走当然是人们谨慎的话题，但我们找到了官方的表达方式“思想解放”，解放思想就是走出旧思想的影响，政治上有抱负者，古代的大嘴巴说“帝王将相宁有种乎？”今天的说得文雅：“担当民族复兴的重担！”有多重？各人有各人的想法，比方说，几个写小说的大讲“中国作家与诺贝尔文学奖”，几个写诗歌的大谈“重写和进入诗歌史”，还有在网络上与“专家”“大师”叫板，也都算一种有胆量的“解放”。

当然还可以列出许多“出走”来定义青春，无论我能不能接受，喜欢不喜欢，都充满了活力与骚动。我发现我离这一切远了，我现在爱写一些回忆文字，爱回插队的乡村看看老房东，爱写点旧体诗，爱唱点苏联歌，这些小爱好和小事情，都与两个字有关，一是“回”，二是“归”，合起来就叫“回归”。延滨尚能饭否？“回归”与“出走”，一对不同的人生途径，我知道，青春离我远去了，我张望着出走的青春，用此文字表达我的一言难尽之情……

关于情人的另类解说

题记：未婚的少男少女切勿阅读此文，以免影响情人节玫瑰的销量。

一位台湾著名诗人曾对我说：“两岸交流有个过程呀，比方说，一个大陆的官员见到我的面，就叫我：‘某同志，神交已久了！’我好吃惊。接着又向我介绍：‘这个女同志是我的爱人。’我更吃惊了，我想大陆真的太开放了。后来我才知道同志是先生，不是同性恋；爱人是太太，不是情人。要命！”如果把该诗人的说文解字回复到原话中，原话变成：“我好想你啊，我的同性恋情人！这是一个女同性恋者，不过她也是我的情人！”乱套了，当然也被理解为思想开放之例子。

一位老先生气愤地对我说：“什么情人节？西方资产阶级那一套，还不如叫包二奶节，搞破鞋节！”我想他是久经岁月斗争的老斗士，“文革”以前，情人就被叫做破鞋，谁有了情人就叫“搞破鞋”，书面语言是“乱搞男女关系”。这个“乱搞”，就是指非法定的男女关系之外的男女关系。法定的有哪些？夫妻、母子、父女、姐弟、兄妹等，当然，恋爱中的未婚男女，不叫乱搞，但也不能称做情人，叫“对象”，“搞对象”是可以的，表明未婚男女的特定身份。“文革”后生活好了，鞋不破了，改叫二奶。语言体系不同，思维系统也不同，理解万岁吧！

一位现代女权主义者对我说：“情人节有一天也好，有了也没有什么用，西方的东西不合中国国情。‘三八节’也是西方来的，三八妇女节什么用？三八妇女节就是告诉广大妇女这一天是你们的，一年三百六十五天剩下的三百六十四天都是男人过节。你看那些小姑娘拿着一支玫瑰花，以为她就是公主了，给她花的就是白马王子了？不对，只有这一天她手持玫瑰，其余三百六十四天玫瑰花在哪儿？你记得那句老话吗：鲜花插在牛粪上！”我十分欣赏她的意见，我也无意问她“你的牛粪是谁？”但必须注意这是一种重要的看法。

一位被人视作大款的朋友对我说：“你说得太对了，情人是什么？情人就是高消费。高消费是什么？是身份啊！你说你成功了，买个豪宅，别人不信，说你是投资房地产。你说你有财了，买辆宝马，满大街都是宝马，你比别人强吗？真的能表明身份的，就是弄个小情人，给她套房子，让她开个宝马，好了，她有身价了，你也有市值了。生意场上，你越敢花钱才越有人给你机会挣钱。唉，这也是投资啊，股市有风险，入市须谨慎。其实情场也是投资场所，情人有风险，情场须谨慎。我最喜欢情人节了，这一天有规矩，提倡送玫瑰，一年三百六十五天，这一天送给我那小情人的，算是最小的投资了！”此人果真不凡，见解过人，只是他说到这里就不说了，剩下的大家慢慢消化吧。

一位当过“专职情人”的女士对我说：“有人说我是二奶，其实也就是个专职情人而已。给人做情人有什么不好？你长得歪瓜裂枣，你没一点文化品位，你不知疼人哄人，能当情人吗？都是吃不上葡萄说酸！给老头子当情人又有什么不好？任重道不远！就是结发，不也是和年轻男人过了再和年老男人过？我先和老的过，然后再找年轻的过，顺序变一下，生活质量就大不一样。说透了，先给老的当情人，再找嫩的给自己当情人，这叫合理投资！先投青春招财富，再用财富招青春。看你目瞪口呆的样子，你呀，观念不行。你炒股票吗？股票都不炒，你还想知道情场行情？算了，算我白说了。”

以上说法，都是另类的情人观，所以“小儿不宜”，再加一句警示语“吸烟有害健康”，印在文章最后当结束语。

男人的愚蠢

有的男人觉得自己是个男人就天生聪慧，证据之一，就是爱把“蠢婆娘”“蠢妇人”之类的话挂在嘴上。挂在嘴上，不但不是骂人，是用来表示自己的宽容，自己的大度，自己的不一般见识。其实，这个世界许多地方确实是“男人的世界”，因此，这个世界多一半的愚蠢其实就是男人的愚蠢。包括我自己，这一点很重要，因为知道了这一点，才能写这样一篇短文，像记账，不是为了报销，而是怕健忘，忘了，就会再做蠢事。

吃窝边草。黑道白道上的男人都说“兔子不吃窝边草”，可见吃窝边草是男人的愚蠢。因为“窝边草”是生存环境，小环境不好，怎么能发展？大展宏图，连个挂图片的墙壁都没有弄干净是不行的。窝边草指的内容多了，黑道电影里的“朋友妻不可欺”，职场小说里的“办公室恋情”，都属于“吃草”行为。一般人知道也都不犯规。然而，比吃窝边草更加后果严重的“窝里斗”，却往往明知故犯。因为，窝里斗的原因，多是怪上了“窝边草”，升职呀，加薪呀，评个奖呀，给个什么“代表”“委员”名誉呀，这些都是自己的“窝边草”，眼看到让身边的人“吃了去”，心里骂一句“兔子还不吃窝边草呢”！于是较上劲，与身边的人斗上了。鼠目寸光，就盯着身边那几根或实或虚的“窝边草”，一旦有人触及了自己这点利益，就咬上对手，理直气壮地“窝里斗”，把自己变成一只红眼兔子，这是男人最常见的愚蠢！世上男人风光的多了，有人当总统，有人当总理，有人当总裁，而且多是男人当，他没当上，也不生气，为什么身边这个小科长、小处长，让别人当上了，他就如鲠在喉，血压和血糖一起升高呢？就因为他自认这个科长处长的位子是自己的窝边草！所以男人头号愚蠢就是把鼠目寸光看到的利益当成“窝边草”继而进行无休止的“窝里斗”，结果往往是一事无成，因鸡肋而误了好年华。

做大师梦。其实男人开始不是做这个梦。小小孩童做游戏，没有说：我是大师！如果哪个五岁小儿，口口声声说自己是大师，一定是吃错药了。小儿游戏，说出的是男人们想说的真话：我是皇帝！（没有民主思想啊！）我是大将军！（尚武精神啊！）我是大官！（有理想啊！）只是长大了，将军真是当上了，不嚷不叫，一出家门穿军服，谁都知道那是将军，暗自得意就是了。真运气好当上大官，出门有秘书，开车有司机，派头十足，口口声声还在说“人民”“群众”“百姓”，谦虚好呀，谦虚还会“进步”。将军没有当上，大官没有做成，心里又实在觉得自己是棵不平凡的葱，这种人招摇欺世，自称大师或请人称自己大师，说大师话，做大师状，不管别人怎么想，自己称出自己有分量，也是一种“老来聊发少年狂”！反正“大师”是最没标准的

"大人物",不仅炒菜能炒出大师,雕虫能雕出大师,算命测字,捏脚刮痧,也不少呢。

写陋室铭。虽然女权主义说这个世界是男人的世界,除了女皇都是男帝,除了女总统都是男总统,但毕竟当总统当总理的男人少,不说总统,就是省长、市长、县长、科长的位子总数,比起觉得自己是块材料的男人来说,实在是比中彩票的机会都少。于是男人的世界必然是得意的少失意的多。古代有个李白,天才啊,但没有被重用,于是一腔热血化作墨迹,一瓶又一瓶美酒醉成诗句,"天生我材必有用",李白一生蹉跎,但因祸得名,名扬天下。这个头一开,有本事的也叫,没本事的也嚷,都以为笔下能得身后名,个个都在写自己的陋室铭,牢骚大盛而才华浅,白白浪费了一堆纸墨,自己活得累,让别人也跟着烦:"哎呀,老兄有完没完!"

捞水中月。男人大多心怀天下,换句话说,一般对过自己的日子不上心,总是关心别人的事情,关心窗外的风景,关心身后的功名。关心别人的事情是蹲在马路边下棋的"作料",扯闲话是男人一大本事,八十岁老翁与妙龄少女成婚会引出老公鸡涨价的联想,布什下台奥巴马上台说起来好像他在安排。最没谱的是身后功名,写了几篇文章几句诗就有了"让三百年以后的读者珍藏"的理想,还刚退休就想到将来会有多少人给我送花圈,追悼会谁来念悼词,评价是"优秀"还是"杰出"。让没影子的事情弄得魂不守舍,惶惶不安,血压上去了,血脂上去了,血糖上去了,老婆直叫:这种日子过不下去了!

男人的愚蠢很多,只说这四种,这四种是自认为聪明的男人,比方说像我这样的人以及比我更聪明之辈,最容易发晕犯蠢的表症。写下来,自己看为主,也贡献给读者,读后一笑,笑自己还是笑您想到的那位,笑了出来就算我没白写。

流行与流言

世界上最没有道理可讲的事情之一，就是流行了。比如流行性感冒是最不讲道理的流行，不管你喜不喜欢，说来就来，而且回回都变，这次叫非典，下次叫禽流，现在又闹猪流感。叫猪流感，其实猪没事，戴着口罩的都是人。

什么流行，什么不流行，说不清。记得我们上大学那阵，刚改革开放，流行喇叭裤，校园里不仅一支支喇叭裤在马路上扫地，而且还有人贴出大字报："喇叭裤万岁"。这种大字报现在没有人贴了。那时候，人们不知道流行时尚是怎么一回事，喜欢了就"万岁"！凡是万岁的东西，其实是老古董，跟流行不搭界。流行的东西，绝不能万岁，半岁就不错了，因为一换季，新品就要上市。比方说，前两年流行女的不像女的，不男不女就"超越女人"当超女。今年春晚的大卖场又推出了新品，娘娘腔，也是不男不女，据说本质上还是男的，这也是一个"超女"，是"超越女人"的娘娘腔。娘娘腔也能大红大紫，足见流行的厉害：不是病，不要命，尖叫声中上台，尖叫声中换人，当年梅兰芳，如今小沈阳。

看明白了流行，也就能了解流言。如今是传媒时代，信息时代，换个说法，也是流言时代。信息时代是讲在这个时代人们重视信息而且信息就是资源。传媒时代是讲在这个时代能传递信息的媒体有支配和左右社会的力量。流言时代就是讲，人们将在各种各样的评价体系里生活，人们必须学会面对流言——"面对各种各样的评价体系"。

流言作为一种评价体系来认识它，应该是非典型性非传统的评价体系——请注意，我们是在传媒和信息时代这个背景上来讲流言。

比方说，正面的评价，过去人们不认为是流言，流言总是与飞语联系在一起，无中生有，不实之词。但现在常常是正面场所的正面评价，不可当真。比方说，三类场合好话就不可当真：追悼会，总结会，研讨会及广告发布会。追悼会过去算最正式的评价，老话“盖棺论定”。现在的殡仪馆里专有一种“主持人”，哭唱悼词。亲友告别仪式开始前三分钟，他来到死者遗体前，然后找到亲属，三言两句问清年龄、职业、有无子女，马上就开始拖着长音，把能用到死人身上的好词尽数吐出，五分钟后唱毕，让家属在“主持人费用单”上签字，然后到下个场口去继续唱颂死者。见过几回这种场景，严重打击我对悼词的神圣感。联想到我们知道的常常为了悼词上的一个词汇发生争执，“杰出”还是“优秀”？“革命者”还是“革命家”？呜呼，见过殡仪馆的口吐莲花，火葬场的过眼烟云，还争什么白纸黑字？与之相比，总结会与研讨会及发布会，好话尽管说，也尽管听，但千万别认真。追悼会是对得起死人说好话，后两种会就是对得起活人说好话。我想在当下最多最无用而又不能不开的会就是总结会了。本来可以不开但花了钱当然可以开的是研讨会及发布会了。总结和研讨都是事情阶段性的一个仪式，仪式上要说话，主要说好话，因为“好”才可能“了”，明白这一点，又要节省成本，花不起钱请张艺谋来设计嘛，套话废话在所难免，彼此相仿的好话在各种会议上飞来飞去，自然也是一种流言。

作为流言，更为人们注意的是它对人和事的负面评价。流言也是一种舆论，也能起监督作用。采风之风，口碑之碑，都与此有关，不可一概否定其存在的合理性。同时，流言也是一种消极舆论，在某些领域，如文艺圈，流言就是一种恶俗和公害。文人相轻，放浪言行，党同伐异，争名逐利，这些不正风气都会助长流言的疯长。身处文艺圈江湖，曾不胜其扰，后来渐渐悟其得失，也就坦然了。凡是不能当面摆到桌面上的流言，无论源自何方神圣，一概不予理睬。记得曾有位比我职位高的先生将一堆“群众意见”反映到上级领导那里，领导找我谈话，我知道怎么回事，便问：“这些意见够不够撤我的职？”“当然不够。”我便答道：“那就都是真的，我不用解释了。”解释有用吗？没用。自此知道了工作环境状况，自己当心就是了。至于文人间的飞短流长，加上好事者又喜欢在媒体上炒作，一会儿弄个什么榜，谁又榜上有名了，一会儿弄个什么事件(其实百分之九十不算个事)，流言飞来飞去，会把污水溅到你身上。前天传你是后台，今天传你是参与者，浊者清者，自己明白。好在我早过了抢风头的年纪，更不在意几点唾沫星子。流言就是“社会流感”：一是对过敏者有伤害，君子坦荡荡，小人常戚戚；二是再厉害的流言都不会万岁，来无踪，去也无影。与流言较真的人，就是捕风捉影的堂·吉诃德。堂·吉诃德面对的只有风车，而现在处处“风声”，与风声作战，堂·吉诃德在今天也肯定找不到胜任的坐骑！

睁眼闭眼

唱二人转的小沈阳这一年火了，说不上是喜欢还是厌烦，但他说的那话，让人忘不了，一闭眼再一睁眼这一天就过去了，一闭眼再不睁眼这一辈子就过去了。这话厉害，生活的节度和生命的长度，就在这睁眼闭眼间都说到了。

认真想一下这个题目，还真耐人寻味。睁眼闭眼间我们都怎么了，活着，为生活奔波，还要做一个又一个的梦。活着，就是能吃能喝能喘气，光这样，活着也没有大的意思，所有的动物，小到蚂蚁蟑螂，大到鲸鱼犀牛，吃喝拉撒带喘气，都差不多。差不多，所以有人活着活着就感到没劲。穷了，没劲，连口好吃喝也没进嘴，白活了。富了，也没劲，富了还叫穷，他妈的穷得只剩下钱了。所以小沈阳的师父赵本山有理了，这活得没劲的痛苦就是两种状态：一是人活着而钱没有了，二是人死了而钱却没花光。

如果就是吃喝喘气，人的一生就这八个字，睁眼闭眼，有钱没钱。嘿，够没劲了。

但毕竟人不都这么活着，人活得有没有劲，关键在于有没有“想法”，通俗点说，有没有想头！老辈人变成三个字，精、气、神。

有了想法，人就活得五彩缤纷，这世界也就五光十色，外面的世界很精彩，人人都知道。七十二行，天文地理，三教九流，诸子百家，宏观微观，科技哲学，林林总总，让我们来到这个世界就深陷其中，红尘滚滚中身不由己，有想法的人也活得累，忙求学，忙成家，忙置业，忙发展，忙竞争，忙功名，忙忙碌碌一辈子，一眨眼就过去了！什么叫一眨眼？也就是快速地睁眼闭眼一次耳！

人生苦短，庸人也叹，英雄也叹，其中的甘苦滋味不一样。

像动物一样，吃喝喘气一辈子，没劲，睁眼闭眼之间开支了全部生命；人在江湖，奋斗拼搏一辈子，够累，累得长吁一口气就仿佛刚明白人生苦短。

于是有人说：智者寿。

我想，何谓智者？我想，智者何来长寿？

智者，就是有脑子的人，当他发现只会吃喝喘气与动物没有两样，他就要求自己活着也思考着，用脑子活着。

智者，就是有自己脑子的人，当他发现只会按别人的嘴巴闯世界，就会人在江湖身不由己，他就要求自己不仅要闯世界，还要用自己的脑子去思考这个世界，睁眼看天下，闭眼想宇宙。

智者必寿，因为他和动物比，多了一个脑袋，因为他和随波逐流芸芸众生比，他的脑袋长在自己的肩膀上。这个长在自己肩膀上的脑袋(有人会迫不及待驳斥:谁的肩膀上没有个脑袋?)是不是自己的脑袋,很多人没有想过,也不觉得是个问题,其实,从来就是个最关紧要的问题。"你这个人怎么没脑子?"别人这么说过你吗?"我这个人听话,领导咋说就咋办!"你自己这么表扬过自己吧?说真的,就我自己而言,活了几十年,大多数时间,自己的肩膀上没有自己的脑袋,不过我还是有觉悟的人,尽管觉悟也晚,后知后觉。

智者的脑袋有两种作用,一是先知先觉。人都是学而知之,学习前人,然后总模仿前人追随前人,只是庸常凡人。智者学而后知不足,敢怀疑先人,敢超越圣贤,敢挑战权威,这样的脑袋才是自己的脑袋,小到诗韵曲律,大到宇宙天地。"帝王将相,宁有种乎?"想出这句话的陈胜肩上长着自己的脑袋。智者的脑袋第二种作用是善于总结,活在世上,有的人沉浮宦海,有的人弄潮商海,有的人行走江湖,有的人泼墨笔耕,各有各的活法,只是活明白了的人不多。"满纸荒唐言,一把辛酸泪!"贫病终生而写出了红楼一梦的曹雪芹用自己的脑袋想明白了千年文人没悟透的世象百态。

智者就是有自己脑子的人,智者说到底也就是少时敢想他人所未想,成年能悟他人所未悟。敢想,叫有理想有抱负,是朝前看的人生,生命的长度向前延伸,从鼻子下的现实得失,将生命的触角伸向地平线。善悟,叫能回首往事总结人生,生活过的酸甜苦辣重新嚼出另一番滋味,生活的长度,就从一次人生变成再三重温,不仅长久,而且厚重。

智者寿,寿在敢想,寿在多思。用一句大白话解说:没有理想,上半辈子,白活了;没有回忆,下半辈子,白活了。是这个道理吗?细想一下,真是。

人一辈子,就在睁眼闭眼间,只是睁开眼,没有理想的人,其实啥也没看到;只是闭上眼,没有回忆的人,其实也等于没在这世上来过。多简单的道理，想想，惊出一身汗！！

不算灵感算发现

先解题，就是没有想到却突然得到的感受，怕忘了，记下来。

意外之得，往往没有准备，突发奇想，想到了，或惊喜，或惊奇，或叹息，或一笑，总之会让自己有所反应，不像读大块头的文章。时下的大块文章，从头到尾，句句真理，段段高论，加起来的总和，就是等于什么都没说。

往上走时，时间显得都慢。爬山慢，爬学历慢，爬格子写字也慢，职务升起来慢，存款上的数字多起来也慢，收藏觅宝慢，求人办事慢，心想事成更慢。于是拼命，于是上火，于是血压升起来，于是积劳成疾，脸上刻满了风霜蚀痕。往下走的时候快，一级一级爬上来的职务，一纸辞退通知、下岗通知或者退休通知，就让你回到原位，只是原位上那些壮志理想都变成了一大把年纪。往下走快，只要一口气上不来，所有的心血都变成一缕烟。人生一世，不会享受"慢"的过程，一心只想着某一个远大目标，说起来好听，有追求有理想，其实，最可悲的是浪费了一生的光阴！所有的美好时光都从身边流逝，多可惜。

大了好！他活得有目标。他把儿女养大了，大了的儿女离他而去了。大了好！他把自己的肚子养大了，吃了多少饭局，参加了多少次聚会，一看那挺起来的下腹，就知道他是场面上的人物，只是大起来的肚皮，医生说：血糖高了血脂高了要命还是要吃？天天挺着个将军肚，却饿得像个乞丐："是吃还是不是？是少吃还是咬牙坚持？空担一个大肚皮的虚名哪！"大了好！他的房子越来越大，总在搬家，也总在装修，正经在那套房子里也没有住几天，住进来就想下一步弄套更大的宅子。最后，朋友终于有了一个机会，来看这位住大房子的成功人士，这个机会就是:成功人士刚住进他最后一间宅子,一只小小的骨灰盒。

他知道他的秋天到了,因为他看到他当年的照片变黄了,他精心保存的情书那些曾洒过香水的纸也变黄了。他之所以翻出情书和照片,是因为他无意间遇到当年的情人,情人曾让他几度失眠的花朵一般的脸,如今在厚厚的白粉下竟然布满黄斑。是脸先变了?是照片先失色?还是情书先变黄了?他不知道他生命之树的第一片黄叶是什么,但秋天肯定到了,因为所有在他生命之树上的叶片,都透出了黄色。

语言的丰富与生动,往往出乎我的意料,特别在文艺演出中,在热烈的掌声后面。记得有首诗《我骄傲,我是中国人》,演出效果很好,最有效果的朗诵者是我的朋友殷之光先生,他朗诵总是满堂彩。只是有一次,掌声还没落,有一位学生模样的观众低声说了句:“我可知道中国落后的原因了,骄傲使人落后嘛,一开口就是四大发明,多少年的事了。”童言无忌,引言还有出处,是开国领袖语录。那么能改一下吗?改成《我谦逊,我是中国人》成吗?好像也不行,改了像礼仪手册,不像诗的题目。还有首歌《我的中国心》唱了几十年,好像是爱国主义之类演出常唱。掌声总是很响,只是也听到了异议:“是爱国主义吗?他拿的好像是美国护照,美国公民应该爱他的美国呀!歌词表明身在曹营心在汉,那就是中式007之歌呀。”我想,有人这样解读,也不是完全没有道理。我们还是可以为这首歌鼓掌,同时也不要禁止有人这样地解读,这也许就是现代社会应有的规则,面对丰富而又生动的语言!

现在技术发展了,旅游业也进步了,进步之一就是各种名山胜地都架起了上山缆车。一般的旅行活动,都采取了上山乘缆车,然后步行下山的方式,一可以省力,二可以省钱,三可以省时。登山活动,不知不觉变成下山活动。这种活动中,有三种人，产生不同的感受。甲说："上山坐缆车，啥也没看到，下山下了千级台阶，腿肚子都抽筋了，找罪受！"乙说："上得太快了，只好慢慢下了，也算软着陆嘛！"丙说："一边下山，一边看风景，把这辈子的下坡路我全走了，今后就一定顺了！"同一件事，同样的行为，却有不同的感受，甲是悲观主义，乙是客观主义，丙是乐观主义。看来，天底下快乐的人，不是上帝赐予他快乐的事，而是给了他一颗快乐的心。

剿灭"小三"的秘籍

这位是上过电视台"讲坛"的名人华教授，小莉一看见他，就认出来了，他对幸福和"家庭伦理"据说很是权威。"不幸的家庭各有各的不幸，幸福的家庭都是华教授的听众"，这句在中老年妇女中最流行的广告词，让华教授成了中老年妇女的幸福使者。小莉当然还尚未进入"中老年"，但能在这个小规模的聚会上见到华教授，怦然心跳，竖起耳朵，捕捉华教授那瓷器一样清亮而稍稍尖利的声音："幸福的家庭最怕什么？幸福的家庭最可能出现的不幸是什么？许多主妇常常等到不幸降临的时候才说，哎呀，我的老公变心了，华教授请告诉我怎么抓住老公的心哟！"听到这里，小莉心跳加速，是啊，自己现在是幸福的家庭，但那个可怕的灾祸会降到头上吗？她凑近华教授听他继续说："可惜呀，等到老公变心了，才来找我，我也没有办法。为什么？因为心变了，就不可逆转了，回心转意，那是表面现象。男人都花心，也就是说，是真男人都追求更美更好！官越当越想当大的，钱越赚越想赚多的，有了小三会怎样？不用我说，你们比我清楚。"华教授停顿一下，喝了一口茶，他发现全场鸦雀无声，心想："电视上那些掌声都是假的，这无声才是真的水平标志！"华教授接着说："男人没花心，女人不喜欢，当然，女人说，我喜欢的是他的事业心、雄心，说白了，就是不安分守己嘛，这心如果遇到小三，被小三迷住了，就是花心。心善变，这是天下男人的本性，不说我华教授，就是华佗也治不了！也许治了这么一个，没野心了，少雄心了，也不花心了，变成武大郎了，你更惨！”小莉心里说华教授说得太对了，现在北京城里那么多剩女不就都是怕嫁给武大郎吗？要嫁就嫁灰太狼，就怕是披着狼皮的武大郎！

这时有人沉不住气了，嗲声嗲气地喊：“华教授你快说说怎么办呀！”“不要急，不要急，只有开错了的药方，没有治不好的病嘛。你们听过一个歌《我的中国心》吗？那是首老歌，那些长得像中国人拿着外国护照的人，最爱唱这首歌，不少的华人去了外国，成了美籍或法籍或汤加籍，做梦都用英语或法语了，但他还有一个不变的什么？不变的中国胃！你看这大北京，全中国的人都在这里谋发展，走在大街上，老百姓分不出东西南北，电视里开会的官员们都穿着西服分不出部门行业。但是一张嘴吃饭就分了群，他长的是四川胃，你长的是河南胃，厉害呀！当了亿万富豪，山西的还是喝醋，山东的还是咬葱！懂了嘛，在男人的肚皮里，最稳定的零件是胃，抓住男人的胃，才真能抓住男人的心！”

“什么？你说哪里去找会烹饪的保姆？你想把老公的胃放到保姆的手心啊？一个幸福的女人，应该像一个优秀的饲养员。你要首先知道男人的胃是什么背景。四川的辣和湖南的辣不一样，川菜里放花椒。山西的面条和陕西的面条不一样，山西面条粗细长短样式多，陕西荤素酸辣配料花样多。在知其根底基础上，要继续努力，让你的老公特别专一地喜爱你的那种湘菜或鲁菜，就是有鲁菜的源，但只有你的独门风味。万一哪天老公红杏出墙，不过三日，让他的胃告诉他家在哪里！记好了，管住心难，管住胃不难，管住胃也管住嘴，管住嘴也拴住腿。”“当然啰，厨房里有厨房的烦恼，油烟啰，菜刀啰，学会烹饪也非易事。学学当兵的吧，把那萝卜白菜土豆，想成可能出现在你身边的‘小三’们，用刀剁它，用铲炒它，用油炸它，消心火，增斗志，长本事，出成绩！”

小莉茅塞顿开。一周后北京各烹饪学校增加了上千学员，一年后北京各饭店公款消费营业额大幅下降，两年后反贪局公布的腐败案发案率下降而且少了“小三”的影子。幸福女孩们的手机上，传送着最新的红段子是：红色菜谱（以上消息如有误，请按官方公布为准。特此申明，谢谢）。

词汇的光彩(十二题)

幸　福

又到年关,到处都见福字,这些贴在墙上,写在门上,正着站立的,倒着头朝下的,也是的,谁想出来的? 把福字倒贴,让人说:"哎呀,福倒了!"于是真的就福到家门了。人啊,真会拿自己开心,幸福这个词,也是人一辈子想得最多,说得最多,用得最多的一个词了。什么是幸福?哲学说它,心理学讲它,道德论它,革命也为它。我这里其实没有什么新说法,只是把一些可能是人们忘掉和忽略的关于幸福的浮现在脑子里的话说出来。主要是记下自己此刻的思绪,如果你读到这短文,也请您掂量一下,是这么回事吗?有人说"幸福"这词说得多了也就贬值了,落伍,不吸引眼球。其实,幸福这词,不同的地方说出来,分量也不一样。比方说,祝您幸福,这话吉祥,但没分量,算是便宜的馈赠,手机上可以群发,每条一角钱。当然,千万不要嫌它不实惠,这个世界上有人记住你,也是福啊。如果把祝你幸福变成给你幸福，这就不一样了。祝愿变成承诺，必须付诸行动，不易，也别轻易说出来，别人说出来，也不要轻信。这时的幸福就有分量了。再进一步，造福一方，这话都是官员常说的，有的官员以为这就是给一方老百姓的祝福词、过年话，错了！这是多重的承诺呀，给一方百姓造福，让一方百姓都分享你带来的幸福，太难了。当官别轻易这么说，想好了再出口，百姓也别轻信，看到了行动再鼓掌！

幸福是什么？现在有人搞幸福指数，我就想，幸福指数真是难把握。幸福常常是一种心理氛围，一种人对生存环境和社会环境的认可度。教室之于教师，如果这个教师热爱授业解惑；洞房之于恋人，当彼此相爱而不论草舍寒窑；大礼堂之于长官，如果不仅仅是喜欢坐主席台；手术室之于医生，当生命在无影灯下获得拯救……对于不同经历不同的人也许同一个环境会产生幸福与不幸的相反感受。记得有部电影《牧马人》根据张贤亮小说改编，说是一个大城市的右派到了马场变成牧马人的悲情故事。我与张贤亮同游三峡时，我告诉他，我第一份工作就是马场的牧工，但由于境遇不同，我从插队的农村到了军马场，在深山沟里放马种地，也就是个现代苏武牧马人，却没丝毫悲凉心境，反倒有幸福降临的兴奋。为啥呢？在陕北农村插队吃不饱，在马场白面大米；插队挣工分基本没钱花，到马场每月发27元算挣工资了；插队早起晚归没有准点，现在八小时下班还发工作服……就这么点幸福感，让我白当了一回牧马人，只好让张贤亮写出了《牧马人》。我也明白了，当年共产党能打败国民党，就幸福而言，共产党是为穷人“谋幸福”的党，穷人对得之不易的温饱最能产生幸福感，呼儿嗨哟，翻身做主人的感觉，最直接的结果就是把蒋介石先生掀翻下海了。

幸福也是最容易被误读的词，读成金钱，读成权力，读成地位,也读成名誉、声望、美女、豪宅……追求幸福变成角逐财富和权力的比赛。于是,人生最大的不幸就是被策动"追求幸福"。每个人确实有追求幸福的权利,无论为自己还是为他人,只怕误读幸福的本意,追求就走上歧途,不幸就往往在迈出了第一步开始。

幸福是什么?有各种答案也有各种生活。只是许多人不明白,幸福最真实的存在往往是人们最没有感觉到的存在,也就是十无:无忧无虑,无病无痛,无冤无仇,无债无欠,还有个最当紧的,无私无畏。

幸福是个什么样子? 都在说,各人都有各人的样子,你的幸福是啥样?

将　　来

这是人类最伟大的一个发现,将来!大概从人类会思考开始,这个词或者这个词的前朦胧词,就出现在人的脑子里,在前面,在眼睛看不到的地方,在闭上眼睛会去的地方,于是有了这个词:将来。那是比终点更远的终极之处。因此,那里被描绘成天堂,随着天堂,也就有了地狱,于是有了上帝,有了神灵与魔界,也有理想社会,有了世界大同,有了乌托邦。将来是人类最重要的发明,也是人类最重要的遗产,正因为这样,我们一代接着一代朝前走着。于是我想,也许是因为人直立行走的结果,也许是因为人身体的最高部分头部生长着眼睛,也许是因为人的眼睛生长在朝前的方向,于是有了将来。将来,是长在头上的那双朝前张望的眼睛所盼望看到的新的地平线。

最爱说这个词的是哪种人? 两种人,孩子和政治家。孩子来到这个世界,最早的觉醒就是自己会长大,自己会生活在将来。他眼下一无所有,没有知识,没有生存能力,没有地位也没有人把他的话当真。我将来要! 我将来会! 我将来能够! 说这些话的时候,他会让人们承认,他就是将来,他会长大成人,也可能会成为这个世界的拥有者。政治家也爱说将来,说将来的政治家,一般来说是还没有掌握世界的时候,但他正因为没有掌握权力,因此两手空空的他握着的就是将来。当政治家得到了权力,他就没有办法继续用有关将来的所有高谈阔论赢得选民的支持。这就是重要的政治命运。政治家们在将来这个题目下,可以大做文章,民生、民主、民族以及国家前途等,好像发行债券,说得越多,将来需要兑现的越多。这就是孩子与政治家的区别,都可以拿将来说事,孩子怎么说,都不必当真,而如果政治家信口雌黄不认真兑现有关"将来"的承诺,那他就是一个高叫"狼来了"的说谎者!

神学家们没有政治家的这种现实窘迫,台下言说与台上行动的因果。神学家们的将来,都不是这辈子的事情,描述的大多是来世的情形。将来就是来世。今生的烦恼与痛苦,来世的幸福与欢乐,这当然会是每个人都将考虑的问题。因果报应,末日审判,天堂地狱,将来支持着整个的宗教大厦。至今还没有人声称他是从来世回来的人,在这个只发售单程客票的世界,对将来的所有想象力,维系着神学家们的衣钵。其实在这个体系,出相入将,前台后台,起点终点,合而为一,佛教中说叫轮回,只是当归来者重新出现之前,会喝忘川之水,这样一切都圆满了。

现实的世俗生活与神学的将来,有着矛盾与冲突。在未明了的将来与现实的生活之间,我们找到了一个可以看到的"将来",那就是儿女。有关传宗接代的理念,有关香火的习俗,都是在未知的将来和可把握的将来之间,人们趋利避害的选择。不孝有三,无后为大,无后,就是没有将来!现在的丁克家庭,是现实主义的新选择,他们否定了儿女等于将来的传统观念,是在精神层面上的反叛:上帝是我,天堂是家,幸福就是现实的享受加上不问将来！

对于科学家来讲，将来是一根接力棒，回答一个最直接的问题：我们从何处来，又到何处去？我们最早知道从猿到人，进一步知道猿是生物进化的结果，我们的源头是草履虫，是淮南虫；再进一步我们知道地球是怎么来的，地球所在的太阳系是怎么来的，太阳系所在的银河系，最后是宇宙大爆炸的形成过程。从怎么来的这个起点出发，起点距我们越来越远，同时，从地球不是方的而是圆球，人们向将来走去，走向月球，走出太阳系，走得越来越远，只好借光年来丈量我们的新目光——通过仪器所看到的“将来”，目光前所未有的远大啊！

时　间

这是最富于魅力的一个词，也是最让我们感到乏味和平淡的一个词。像一个恋人，追求过，也逃避过，等待过，也消磨过，直到有一天，我突然发现，时间就是我自己，就是流入我生命的一切，也是从我生命流走的一切，我才认真地打量时间，像对着镜子打量自己的模样，有了白头发了，额头也有了皱纹，只是眼睛里还藏着笑意，好像说，你真的认识我吗？

时间最早是床边的一只双铃马蹄钟，它一响，我就醒了，我不知道我是怎样来到这个世界的，我只知道我开始自己的生活，就是那座会吵会闹的钟，告诉我时间到了。时间是起床，是上学，是作息时间表，是家庭作业，也是老师的严厉和逃学写在通知书上的评语。大人说，这孩子没有时间观念，就是批评你不听话，没有良好的生活习惯。时间是我第一个老师，就像孔夫子，也像老城区高塔上的大钟。多少人在它面前走过去了，老钟依然走着，不管是皇帝在宫里还是换了老百姓来坐天下。

上年纪的人最爱说的一句话就是时间珍贵，光阴似箭，日月如梭。然而年少不知愁滋味其实就是不知道时间可贵。用时间爬格子换学问,也用时间打游戏换快乐,用时间找朋友换爱情,也用时间编大网捞虚名。一无所有的年轻人有的就是大把的时间,轻抛不心疼,直到有一天有人对自己说:“没有时间了,真可惜。”自己才发现,捏在自己手上的是一把无用之物,而时间的存折上已经支付得所剩无几。时间是有价的,电视上的“鉴宝”节目,那些专家凭什么叫专家,是因为他们能看到凝聚在瓷片和铜锈上的时间,那些变得苍老和憔悴的器物凭什么叫古董,是因为它们拥有久远的时间。可惜的是,人们再一次犯错误,当这些古董向人们展示时间的价值时,人们记住了钱币的数量,忘记了那不是古董的价值而是时间的分量。

说光阴无价,这是诗性的表述。说时间有价,这是古玩行存在的理由。认识时间的价值,不需要改朝换代,坐上出租车,堵在街头你就看那计价表往上跑的数字,直跑得你心惊肉跳。当然时间也有贬值的情形,花了几百元订的报纸杂志,翻过了到了月尾了,收废品的用秤一称,只值几角钱了。

时间会贬值,是因为时间还健忘。那些报纸当初拿到手上的时候,真叫如饥似渴,那些消息让我感动,那些社论让我热血沸腾,那些事件让我揪心挂念。然而,时间过去了,那些事与人,文章与图片,都成了一捆废纸中的墨迹,健忘了,贬值了,时间还在向前,我告别了那一捆旧报刊,就像落叶后的树,又准备长出更多的叶片来,挂满朝露迎接新的太阳。也许这不是我一个人的健忘,也许这是时间最无情而又最必须的存在方式。当分分秒秒的存在,变成巨大的宇宙与悠久的历史,人们用了一个巨型的尺子“光年”,这是时间的量度,一年,这又是空间的量度,光带前进一年的距离。多么简洁而清晰,然而,无数的像我这样的生命和非生命体就被匆匆地忽略了。伟人在评说历史时总说:历史问题宜粗不宜细。伟人之所以叫伟人,大概就是因为他洞悉了时间的秘密。

尽管如此,对于我,我知道上苍给我的时间就是一次生命的过程,无论卑微还是平凡,珍惜这个唯一,是生命的觉悟和实践。伟人帝王与百姓平民在这一点上是平等的,也是一次生命过程。因此,皇帝以为高贵和权力就可以延长这个过程,万岁是最大的白日梦,也是臣子给皇上最不需本钱的"贿赂",见面就来一句"万寿无疆",从来没有实现然而一代又一代照样这么喊!其实,珍爱生命,珍惜时间什么办法最好?我的建议就是倒计时计岁数:一个孩子生下来就是六十岁,过一年,少一年,五十九岁。这样就会知道有多少时间可以去学习去做事去创造去思考去恋爱去结婚生子!时不我待,自当奋进和珍惜。到了六十岁归零,再过的日子就是赚来的,多活一天,就多赚了一天,这样的日子自然应当快快活活地享受,享受生命!时间是什么?时间就是镜中的你自己!

食　指

食指,名词,手上与拇指相靠的指头。这么讲,就没有意思了,世界上的事情如果都这么讲,也就全装进一本字典。装进字典的世界很乏味,而字典外依然有丰富多彩的另一个世界,可见简单了,反而将真实的世界逐出了我们的视野。食指是什么?先不说食指,说手上剩余的其他几个指头,再回来看食指,也许世界就在这只手上生动起来。

拇指,头一个指头,又短又粗,像领头羊,但办的事都不太妙,常常是个说谎者。其他四个手指曲起来,伸出拇指让它跷起来,示好!夸奖!称赞!多用于对小孩,对待上司,对不准备付费的表演。态度有了,让被表扬夸奖者看到了,但又不具体支付奖金或奖品。万一事情走向反面,伸出的拇指缩回来,不留痕迹,与己无关。这种家伙,总想充好人,但说好不兑现奖品，出了错又不认账负责。遇到这样的头儿，你就算倒霉了，但头儿还是头儿，大拇指还是大拇指，所以一般不会让其担当什么正经的任务，只是摆设。

中指，向上竖起，粗俗举动，表示骂娘。人性中有恶的一面，在手上就叫中指出来担名儿。小时候和街上的一帮孩子玩在一起，一直张不开口说粗话，但也学会了向人伸出中指以示轻蔑。这动作在孩子们的小型冲突中使用，介于动口吵架与挥拳干仗之间。现在的孩子多是独生子女，又是各住一套的单元房，少了我们儿时那种大院一帮胡同一帮的"孩子社会"。所以现在的小孩一般不会向人伸出中指，文明得多了。现在伸中指的多在银屏上，好莱坞的女星爱玩这个姿态表明她的身份与教养。前两年中超足球有个姓周的球员，在成都赛场上向观众伸出中指，我想他小时候也是在胡同混过吧。这一伸，伸出了中指的身价，罚款一万元，停赛一年。我在想，如果他当时伸的是大拇指，又会怎样呢？看来，五指谁最牛？中指价最高。

如果中指充当了指头中的痞子，那么无名指就是指头中的君子了，"被信任度"最高的是无名指。有两个证据，一是结婚戒指都是戴在无名指上。婚姻是人生大事，婚姻的信物和证明交给无名指，足以见得其可信度，有可信度者，君子也。还有一个例证，就是上医院看病，需要验血，把手伸给护士，护士一般都会捏着无名指，用针在指尖上扎一个眼，挤出一滴血，刮在玻璃板上。看病检查，这是关乎性命的事，不得马虎，专门在无名指上扎眼，足以见其可信可靠。终身大事交给无名指，关乎性命的事交给无名指，无名指真英雄啊。

小指头排在最后，长得也最瘦小最苗条，因此，做事也是小事，伸出来，表示小，表示少，如果上了戏台，其他几个指头弯曲而小指头高高向上跷，叫兰花指，旦角动作，苗条婀娜，小巧玲珑，意思都在里面了。

食指和其他几个指头比起来,用处多而且重要。一是生存需要,取食取物,都离不开它,往往和拇指配合,是指头中与大拇指配合最多的一位,而且因为这种配合拇指也才显得重要,好像元首和总理,总理办事能干,元首也有了精神。食指还有另外的作用,就是社会性的交往。比如给人指路,领袖指示前进的方向,证人指出罪犯,叛徒指证被捕的同志,都要把这个指头伸出来。所以,人之社会交往,行为之善恶,都与食指有关。人的一生所有的节目,都与食指分不开,无论是公开的还是隐蔽的,无论高尚还是卑下,食指知道,食指参与,就在刚才,我也是用食指在电脑指纹识别器上划过,打开了电脑。

食指是什么?手不想告诉你,此刻五个手指握在一起,谁也不出头。那么拳头是什么?拳头是不叫的狗,懂吗?

思　考

这是一个让人想到学问的词,想到深刻,想到非凡的理论与精彩的文章。这是老师们最爱说的一句话:同学们,思考一下这个问题该怎么回答。可惜的是我离教室远了,我进入了一个变化了思考方式和内容的大千世界,我渐渐忘记了思考是大脑的主要功课,而且在许多次大脑思考后的行为,被人耻笑:“多傻呀!”“真是刚出校门,书生气!”“你的脑子进水了?”我的脑子没有进水呀!我认真研究别人的思考方式,我发现,我的确错了,因为只有老师才要我们用脑子思考,因为学生回答课堂问题才用脑子思考,在职场,在走出校门的这个花花世界,思考更丰富更多样:

用脚思考,这是进入职场第一课,跑快点,快在别人前面打表上班,剩下的时间哪怕你比别人动作都慢,但考勤钟告诉老板你最快。脚步快一点,脚步轻一点,在老板上电梯时脚步停下让一步,你的脚步告诉老板和他人,你很有脑子,你懂职场规则，你的脚步得到了夸奖："好啊，有进步了！"听，不是进水，而是进步。

用屁股思考，这是当你晋级或者有了坐办公室的机会，你要珍惜放置你屁股下的那把椅子。有位大人物说过："屁股坐到哪一边的问题是首要的问题。"坐在你现在坐的位子，你的屁股告诉你应该明白，你的地位是上司的属下，为上司负责重于一切，否则，上司会让你的屁股挪开，把这把交椅让给另一个屁股。脑袋听屁股的，屁股听椅子的，这个反向的行为叫做"忠于职守"。要问为什么，要问对不对，别问，问出想法来，就会"如坐针毡"，能坐得住吗？

用舌头思考，有句成语叫鹦鹉学舌，就是要用自己的舌头说别人的话，这叫做学识渊博，叫做精通业务，叫做功底扎实。用舌头当钥匙，打开书库，翻开资料，点击搜索。领袖语录，领导指示，行业规范，经典案例。现在当学识渊博的人最容易了。以前要读书抄卡片，背书翻字典，现在好啊，会开电脑，会敲回车，会下载，就会成为学界的武功高手。官场上哪一个不聪明？都在说别人说过的官话；职场上哪个不精灵？都要学老板的腔调。所以宁可油嘴滑舌，不可油头滑脑。前者上司会说："小鬼真顽皮。"后者老板会说："小庙放不下你这个大菩萨了。"

用表情思考，做事做久了，升职升大了，离老板近了，离上司也近了，这时，揣摩老板和上司的心思实在是个大难题，一句话说错了，全盘皆输。这时，不动脑，少动嘴，多动眉眼和四肢。上司讲话，笔记要勤，其实讲话都有讲话稿，埋下头来做笔记，省心并且有态度。上司讲话，拍手要勤，拍得要热烈，拍到点上。在不需要拍手，又没办法做笔记时，比如巡视过程中站着讲话，要跟紧让上司看得见，要多点头，让上司有感觉，如果有电视台记者跟着，要争取入镜头，有摄影记者拍照，要搞到一张，放大后挂在办公室。

用红包思考，红包是职场的炸弹，也是职场的润滑剂。同事之间，结婚、乔迁、生病、添子，都需要红包发言，你来我往，击鼓传花。对于上司和老板，就像对待庙里的菩萨，不能少了香火，不能只拜观音不拜普贤，见庙烧香，见佛磕头，心诚则灵。都说要廉洁，都说奉公，然而红包越送越大，犯事的主子越来越有名头，这事还是那句话，别过脑子，过了就想不通，想不通就乱分寸，乱了分寸自己就先退场！

用鼻子思考，过去常说一句话："这个人的政治嗅觉太差。""这位一身都透着资产阶级腐朽气味。"现在也不过时，官场也罢职场也好，总有些流言飞语，总有些变动风声，谁升谁降，合并转让，买进卖出，都会有波澜翻动，闻不出其中的味道，也就算不上职场老手了。

呜呼，思考本是脑袋的事，现在不用脑子的思考多了，用脑子的少了，潜规则里的人是进是退，难说，但用脑子的人少了，这个社会肯定有病，治病的药方是什么呢？真的需要用脑子认真思考一下了，用脑子想！

忠　告

忠告是一个最具有戏剧色彩的词。前两年，中央电视台刚开播"道德观察"节目，主持人是邵滨鸿女士，这个节目都是法制类的节目，不仅是道德问题，还有凶杀、抢劫、诈骗、强奸等重大案件，我经常被请去做特邀嘉宾。主持人和特邀嘉宾是在犯罪和重大事件报道播出后，对刚播放的事与人加以评说。道德观察节目是刚开始的法制节目，涉及的都是各种各样的犯罪问题，收视率相当高。我曾开玩笑地说，节目是准限制级，所以要让我们这些嘉宾在节目播出后加上评说与忠告，就像香烟盒上印着"吸烟有害健康"的忠告。说真的，在这档节目当嘉宾，还真的考水平，节目留给嘉宾发议论的时间，就那么两三分钟，要说到点子上，言简意赅，一语中的。

忠告是一个有道德意义的词，忠告有时是丑陋的，良药苦口，就说香烟吧，印上一句“吸烟有害健康”是忠告，但也是耳边风，听多了也就变成“狼来了”。新招儿是在香烟盒上印上熏黑的肺，变形的心，肮脏的牙，这比“吸烟有害健康”厉害。前两月出国，在免税店见到便宜不少的中华牌香烟，想给抽烟的朋友带两条，拿出来一看，烟盒上印着黑乎乎的肺，这没办法送朋友了。我想，如果国内也这么在烟盒上印病灶图片，虽然不能让烟客都戒了烟，至少会让香烟从礼品市场退席。

忠告虽然充实了道德意义，但有时也还是需要解密的谎言。就像小时候，大人对我们说：别到河边去，小心河里的女鬼把你们抓去！这是忠告，但确也是会被解密的谎言。岁月会让许多忠告露出“善意的谎言”的本来面目，比方说我小时候，记得最清楚的是“世界上还有三分之二的人正在水深火热中”，让我从小胸怀全球立志要将世界革命进行到底。

这样的忠告，重在教人“胸怀天下”。这是属于人生大目标的忠告。现实生活中，忠告往往没有这么正襟危坐，随意而为，简洁明了。比方说，当领导的征求群众意见，做出了认真听取的样子，打开笔记本，手上捏着笔。这也太正式了，让讲话的人心里犯嘀咕：“记的是什么呀？万一……”于是意见变忠告：“领导太不注意休息了，经常加班，累病了，大家就没有主心骨，所以一定要为全局保重身体。”这也算忠告，一枚最小面值的硬币，可以当众进行的“行贿”。现在超市里常常没有小面值的硬币找零，就用糖块代替，这种忠告也是一块递到嘴边的糖，吃不吃由你。据我所知，过去倡导的“批评与自我批评”的民主生活会，现在许多时候变成了“表扬与自我表扬”精神按摩会，是人们保健意识增强的结果。

社会进步，以人为本，安居乐业，于是号召人们“战天斗地”的忠告少了(现在讲的是人与自然和谐相处),更多的忠告都关乎民生,想发财,报纸、电视上有理财的忠告,想养生,媒体天天讲健身的忠告,想什么有什么,这个年月最不缺的就是各式各样的忠告,包括那些卖东西的广告,也用一副忠告腔“送长辈,黄金酒”“劲酒虽好,不要贪杯呀”。媒体上充满了各式各样的过“小康日子”的忠告,就像一瓶又一瓶没有副作用也没有大作用的维生素,摆在各种媒体的广告栏里,宣示中国老百姓进入了关注自身健康的“小康”阶段。

这类忠告多了,喋喋不休,絮絮叨叨,虽然每一个忠告都不无道理,但嗡嗡一片,又发展为低分贝的噪声。这一家忠告说“要早起锻炼,闻鸡起舞”,那一家说“早上空气污染重,要傍晚活动为好”,这一位说“多吃杂粮”,那一位说“多吃蔬菜,少吃谷物”……于是,纷至沓来的忠告就成了另一种生活状态,无所事事的老头老太太们,坐在电视机前,锻炼着自己的耐心和满足那些电视上露脸者的讲演癖。

这时,最有用的忠告就是:关上电视,该干啥去干啥!

赞　美

赞美是我们最熟悉的事情,好孩子是夸出来的,我们也都是在赞美声中长大的,爹妈夸,老师夸,同事夸,领导夸……当然,与此同时,我们也在学习赞美别人,夸爹妈,夸老师,夸同事,夸领导,还有夸单位,夸家乡,夸祖国……总之,就像鱼儿离不开水,我们生活在赞美和被赞美的温馨中,像金鱼一样,优哉游哉吐着赞美的水泡泡。有着精神生活的我们,赞美是保持我们和谐生存的重要元素,不可想象,一个从来没听见过赞美之词的人能够长大,同样也不能想象,一个对任何事情都绝不赞美的人能够是个精神正常的人。赞美与被赞美,也就是爱与被爱,喜欢与被喜欢。幸福是什么?就是有着爱与被爱,喜欢与被喜欢的人生嘛。大了讲，爱世界爱人类爱国家爱故乡，被世界所爱被人类所爱被国家所爱被乡亲所爱；小了讲，如王世襄爱蛐蛐爱鸟笼爱家具爱字画，也因爱成为人生充满情趣的大玩家名扬天下。幸福与赞美分不开，千真万确；然而，赞美也不一定全是幸事全是福音，也有各种变调和杂音，细细品，就能体会生活的多种滋味。

赞美之声，如果有了功利之心，不是由衷地发自内心，而是以赞美换取现实的利益，这就叫阿谀奉承，叫拍马屁，这类东西在与名利最近的场所充盈弥漫，成为公害。“被赞美”者如果是位高权重，如果是财大气粗，那么，“被赞美”是理所当然的事情。就官德而言，廉洁奉公者，也需要“被赞美”。金杯银杯不如百姓的“口碑”，当然这口碑应该是赞美才好。然而，为官者，更应明白，“被赞美”对于在位者不是一件不易得到之物。如果太喜爱“被赞美”，上有所好，下必风行。如果媒体一片赞美，如果各种文艺一片赞美，其实，不一定是好兆头。“被赞美”对那些位高权重者，是属下最低成本的回报。开国领袖有句话，好话坏话都要听。我觉得，被赞美不需肚量，听得进坏话却需修养；我还以为，能“被赞美”容易，能听到坏话还需要说话者“愿说并且敢说”的条件。这种条件，不仅需要个人的开明，还需要制度的保障。

赞美之词，在同窗同行同事之间，是维系人际关系的重要元素。这并非坏事，也在情理之中。如果同行是冤家，同窗无好言，同事互相拆台，那么人际关系紧张，环境不和谐，谁的日子也不好过。但是赞美之词成为一种利益共同体之间的交换物，那么，这一次“被赞美”就要准备下一次用赞美来抵还。记得曾读到一篇批评文章，说学术界有这么一种不正之风，如果师出同门或同一名校的同窗，那么，这一批学者就成了“互相抚摸的男人”。话说得挖苦，但却说出了一个道理，现在文学圈有那么一些批评家实际上基本不批评，主要的工作是“赞美”捎带着“被赞美”。都在说文学无大家，然而“赞美”和“被赞美”却是当下主要的文学批评方式。

赞美有多种多样，“被赞美”也各有体会。有位诗人写了首诗给他的妻子，其妻甚为感动，示之于人。旁人读过之后，笑着说：“这是在赞美谁呀？”诗中有这样的句子：“我爱你你爱我玉树临风/我爱你你爱我品格高尚/我爱你你爱我威武不屈……”这是断句游戏，如果断在第六个字，是互爱互亲，但后面的四个字意思就接不上了。如果在第三个字后顿一下，意思就顺了，但全诗就成了一篇诗人自我“被赞美”之余再让妻子分享赞美。诗句的基本意思完整表达如下：“我爱你是因为你爱我的姿态玉树临风/我爱你是因为你爱我的……” 是啊，在赞美别人时，让自己“被赞美”一下，这是许多赞美后的玄机，正像这样一首赞美诗！

尽管我对赞美说三道四，我依然是一个对世界充满赞美之心的人。真的，当我从地铁口出来，我看到那些匆匆的打工者，我赞美他们闯进都市的勇气，还有背着沉重书包的孩子，我赞美他们带给早晨的快乐。赞美路旁的树，它们站在喧嚣的车道旁多不容易，赞美从云中露脸的太阳，它总不后悔升起又会落下，多好啊，无论生活着还是活着！

谬　论

“谬论”这个词在我的语言库中，曾经是用得最多和听得最多的一个词。谬论，也就是荒谬之说，同义词有胡说八道、一派胡言、荒谬、错误言论等。我们这些几乎与共和国同龄的一代人，几乎是在一次又一次与各种“谬论”打交道的过程中，学习语言的魅力。

“谬论”是消灭论敌的常用词。最早在批判“胡风集团”的有关文章中见识了。对方的文章原文没有见到,摘出来一句两句,然后定为谬论或反革命言行,下面撰文一通批判。这样的文体十分强有力,以后的反右,以后的批判修正主义和走资本主义道路的当权派,都反复使用这种文体,无往而不胜。比方某人说这么一句话:“我们要向西方学习先进的科学技术。”批判时会变成:“我们要向西方学习。”轻一点,批它是崇洋媚外的谬论,加一点分量变成否定社会主义制度的反动言论,再加一点鼓吹走资本主义道路云云。说实话,直到后来,等到我也享受这种谬论待遇,我才彻底明白其中的奥秘。“文革”结束不久,一家杂志批判我的资产阶级思想,把用非正常方式弄到的我的日记、信件加以编造,摘取片断句子重新组合,结果真的搞出了一个十几页的大批判文章。当时气得我写了一篇文章,形容此法是将一个人的脚气、痔疮、癞子全集中在脸上并百倍放大的办法。这种学习语言的过程,在消灭一个个假想的论敌之后,让我们这一代人先天不足:不会讲道理,却会不讲道理地让别人住口。

大概世界各国都有一个向谬论开战的历史。有的还不仅是笔战舌战,真的用枪炮发言。对不同的信仰,对不同的宗教,对与自己不同的观点,都曾冠之以“谬论”及其他。社会进步了,发展了,一个重要的指标,就是谬论这个词的使用率低了,杀伤力也小了。各种宗教平等相处,不同信仰者和平生活,这是文明进步的结果,认真追究一下其深层的理由,就是对互相矛盾互成“谬误”的事物,有一个宽容共存的胸怀。这个胸怀不是哪一个总统或首相的胸怀,是社会所有公民都形成共识的胸怀。

但这个社会仍然需要“谬论”,不断产生和制造“谬论”是诗人的最基本的天赋。“提着大海这一件古老的乐器/将残骸和月亮/收拾入筐”,“在一朵云上/碰见杜甫/的草鞋和拐杖”,

这是我最近在一本诗集中看到的句子，我记住了，因为它的确是谬论，而且将谬论说得那么的美！诗人的存在，证明谬论不全是毒草，谬论也许就是最美的鲜花，而用词汇创造这些谬论之美则是人类智慧的结晶。

我们的社会还应该更宽容地对待“谬论”，因为它是伟大开拓者们必须享用的早餐。布鲁诺和哥白尼，在火刑和宗教法庭的阴影下，用新的天文学“谬论”给了世界一个崭新的黎明。马克思学说也曾是“谬论”，“白猫与黑猫”更曾经关在“谬论”笼子里挨批。因此，鼓励和保护“百家争鸣”应是文明社会的底线。当然应该解读其中的奥秘：也许真理只有一个，但是九十九家并不可能妨碍真理的存在；然而取消“不是真理”的九十九家，或八十八家或七十七家……甚至一家，都可能取消真理和扼杀真理。面对“百家争鸣”，自以为是地认为真理在自己手上，是可以容忍的自信。自以为是地认为真理在自己手上，因而要禁绝其他“谬论”则是最不可容忍的谬误！

现在轻易说别人是谬论的少了，但两种与谬论有关联的事物却让我们习以为常。一是网络上的“雷人之语”，雷者，也许是“妙语”，也许是“谬论”。人们把它们用“雷人”于无声处标示出来，是“妙”还是“谬”，让你自己去判断，有意思！二是会场里，作报告者读着秘书写的报告，每一句都正确，然而所有正确的句子加起来令听者昏昏欲睡，让读者不得其要领，这样的所有正确句子凑合出来的不谬之论，人们称之为“官话”或“官样文章”，是夸其“妙”还是指其“谬”，细细品味，有嚼头！

想 象 力

想象力是诗人与骗子共同拥有的天赋。没有想象力是成不了诗人的，诗人把惊人的想象力变成呆呆的诗行，“水枕能令山俯仰，风船解与月徘徊”“欲把西湖比西子，淡妆浓抹总相宜”“我欲乘风归去，又恐琼楼玉宇，高处不胜寒”，让人读了感觉得那么好，那么让人沉醉，于是赞美不已。赞美之余，认真一想，如此丰富而奇特的想象力，就变成字和句子，白瞎了脑力资源。从某种意义上讲，也许是这样，从古到今，那么多的天才在那里搜肠刮肚地写诗，把想象力变成纸上的句子，而绝大多数诗句，可以说百分之九十九点九九九，都被闲置和忘却了。诗歌成了浪费想象力的例证。引出这番话，有个由头。前些年，北京长安街要换交通警示牌。交警局找到了中国作家协会办公厅，办公厅的头儿徐光打电话找到我，当天我正要出差，写了十来条传给徐光，不久在长安街挂了出来，有对仗句“司机一滴酒　亲人两行泪”，有口语式“红灯亮了别着急，歇口气”等。谁知道这“一滴酒”“两行泪”竟传遍大江南北，凡有道路处，皆有此标语。有个广告商问我：“老叶，你这广告词挣了多少钱？”“一分钱也没有，没说。”“一条提成一角钱，也得几百万吧！真是诗人，浪费资源啊。”后悔也晚了，像这样的句子，我一生想出了多少啊，丰富的想象力只换了一个诗人的虚名，值吗？骗子与诗人的差别，就是把所有的想象力变换成钱财，骗子画出各种各样的美好前景，比我们许多的政治抒情诗人笔下的明天更“前途光明”。骗子们画大饼，人们掏钱为他充饥；骗子画高楼，人们集资给他加砖添瓦。认真读一下法院对骗子们的判决书，这些判决书是想象力的另一证据。可悲的是相信骗子的人多，相信诗人的人少，而且越来越少。

想象力有时也是病毒，一种必须从如下文本中剔除的病毒：统计表、实验报告、健康体检表、工作总结、政府工作报告、调查报告、判决书等，特别是各式各样的首长讲话。判决书一般来说如果充满诗意和激情，人们容易发现其被“想象力”的病毒击中了。首长们的讲话，如工作报告以及总结之类，一般出现“想象力”病毒的地方，也好找，请注意听众“热烈掌声”处。

想象力并不全让人变成激情洋溢的诗人或是手舞足蹈的艺术家，有时反而让人循规蹈矩，按部就班，谦和谨慎，照章办事，唯命是从。士兵想当将军，这是每个士兵最重要的想象力，尽管百分之九十九的士兵当不上，却能叫百分之九十九的士兵安心服役。公务员想当部长，当不上部长当局长，当不上局长当处长，当不上处长当科长，尽管每一层提升都是梦灭的人比梦想实现者多，但每一个阶梯爬上后，另一个想象力又生长出来。如果哪一位在这个游戏中，不按规矩做事说话，便会有人提醒："不想进步了？"越有想象力的人在这种游戏中越有耐心，越像是一个没有想法的服从一切的"螺丝钉"。

国际关系中想象力也是强国的专有权。布什可以想象萨达姆有"大规模杀伤武器"而让这种想象成为开战的理由。而真正拥有大规模杀伤武器的是布什及其前任与后任。弱国的领袖们最重要的想象力就是不再有"想象力"，因为一个拥有上万颗原子弹的总统，万一有一天得了精神病，万一得了痴呆症，万一有一天走火入魔，那个核按钮在他的指头下面……所以，当布什以"萨达姆有大规模杀伤武器"为理由对伊宣战的时候，绝大多数的领袖们都一下子变成了白痴，群起响应布什先生这一公然的白日说梦。

中国历史上最有想象力的创造有两条，一是男人们写八股文，二是女人们缠小脚。女人缠小脚基本就是一种酷刑，让女人终生失去自由成为奴仆，但女人们居然接受了，一代又一代以小脚为美。男人以为如此管束女人是想象力的胜利，其实，做八股比女人缠足更惨，是缠脑，用又臭又无用的文字束缚头脑，唯书唯上，变成脑瘫者还自以为"学富五车"。

想到上面这些，是在电视上看到一个没有缠足的女人大讲"圣贤"之道，在口吐莲花的讲坛上，看到一个女人正在教观众缠足，而且不分男女……唉，我怎么会看到这个场景呢？难道只是因为我还有点想象力?

论战

论战,也可以叫做争论,辩论,客气点说,也可以叫做对话,商榷。老百姓的解释最明白无误:打嘴仗。

我们这代人生于和平年代,除了边境上有些战事,基本上是幸运地赶上了一个和平发展的时期。六十年基本无战事,在中国历史上少有,对老百姓而言,也就算得上太平盛世了。

虽说是太平,但也有“战事”,就是经历了大大小小的运动,见到了各种各样的论战,最典型的当然要数“文化大革命”,那时候,正面地当做政策引导的启事汇都充满了火药味,比方说:“以……为武器,大打一场……的人民战争!”“拿起笔,做刀枪,横扫一切牛鬼蛇神!”“口诛笔伐,叫某某永世不得翻身!”此类标语曾经贴满大街小巷,生活于其中的滋味,一言难尽。好在我们从这样的岁月和语境中走出来了,但“论战”或者说打嘴仗的事情却没有了结,而且在这个世界上不会了断。多彩的世界还在为论战加上各种注解:

论战:一种人被狗咬了,还要听狗吠的尴尬。

这种情形我们许多人经历过,被一条狗咬了,被咬的还没回过神来,咬人的狗汪汪地先叫起来。一般地讲,人都会掂量一下,狗够大够凶,赶紧走吧,别让它再咬一口;狗不算厉害,那么捡一块石头,把狗撵走。然而如果那咬你的不是狗,是人,是人欺负你,情况就有变化了,那欺负人的家伙会这么说:“我打了你了,怎么样?我要叫你知道爷的厉害,你服不服?”这种人我们通常叫做流氓。但流氓一旦成了气候,就会说那一番话是“论战”,而你没回应是胆小。“论战”在流氓那里是另一个词“无理取闹”。

论战:一种先下了判决书,然后再进行的法庭辩论。

法庭审案的一般程序是原被告呈词——取证——法庭辩论,然后判决。但多年以来歪门邪道的做法,先判决再进行辩论。比方说,先说胡风是“反革命集团”,然后从上至下地大批判。先给刘少奇定下“叛徒、特务、走资派”,然后进行“大辩论,大批判”。这种论战当然是“无往而不胜”,而且一定是“辉煌胜利”。今天我们有时还会见到这种论战的影子,让我们知道“任重而道远”。

论战:一种不为了说服对手只为了说服选票的讲演。

现代民主的一种策略就是论战的对手只是对手不是敌人,论战不是为了说服对手,而是为了说服选票。要说能说,有战斗力的论战选手,李敖算一个,李敖能将论战的对手击得遍体鳞伤,但李敖再能论战也得不了多少选票,为什么?因为他的论战是将对手击败,而不是将选票招进口袋。选民觉得他得理不饶人,不厚道,没有绅士风度。所以,论战在民主体制中是一场“脱口秀”,是表演。

论战:一种为了荣誉而搬弄是非的表演。

若问现代教育与传统教育有什么区别,我就说,去看一场“大学生辩论赛”吧。传统教育中信仰与真理是至高无上的,无论是宗教,还是革命党,都如此。因此,那时的论战就是将头颅与鲜血和自己的言论放在一起的“砍头不要紧,只要主义真”,楚河汉界,泾渭分明,非此即彼,不可模棱两可。现在的教育是“实用主义”的,实用主义的代表就是各种大学生辩论会,各种论战题目,均可有两种立场,选择何种立场,全凭抽签决定。无论是关于世界的气候之类大问题,还是吸烟与否的个人小事,都没有固定的立场,重要的是舌战之中“表现”突出,于是大学生辩论会成了一场为了荣誉而搬弄是非的表演。这是一个信号,我们最优秀的人才不需要信仰,不需要立场,需要的是攫取荣誉的野心和不择手段的技能!

论战到底是什么？总会有新的解释，重要的是作为听众的我们，知道唇枪舌剑之中，真正的潜台词是什么。对不？

忠　诚

这无疑是个好词，如果加在一个人身上，会让人肃然起敬，因为这个褒奖之词常用在需要让人肃然起敬的纪念会和追悼会上：忠诚的战士、忠诚的卫士、忠诚的心——这是形容词，作定语用，盖棺论定大概就是指此类用法。还有某某忠诚于教育事业、忠诚于妇女解放运动，这是动词，就是一辈子坚持只干了一件事，一般来说，别人都会半途跳槽的那类事情，但是某某坚持下来了，这种用法，抬高了人，贬低了事。不管怎么说，这个词用在死去的人身上，都有褒奖肯定之意，因此，一般说来，都会让人注意选用。这个词用在追念故人的场合，最能起到正面肯定的作用。

忠诚确实算个好词，但是，正如所有的药方都不能包治百病，凡是声称包治百病的药都是假药；忠诚这个词，也不是永远闪闪发亮的奖章，也不是挂在任何地方都能无往而不胜。比方读史，如果一个人物，史家总是在反反复复地讲他对某君主如何忠诚，如何千里走单骑，如何赴汤蹈火，这就有点悬了，也许再翻上两页，此人就背弃旧主择良枝而栖了。忠诚在这里成了背叛离弃前的记录。改朝换代，弃旧图新，这本就是历史发展的基本形式，而忠诚的基本属性就是“不变”，在变化的历史中，要守住“不变”的底线，实在太难，除非以死来证明，因为死了也就不会再变，不会再选择，不会再痛苦了。于是，留在历史书里的忠诚字眼，大多属于死人。文死谏，武死战，这是君主们的期望，而历史实在对不起，历史是在改朝换代中那些算不上忠诚之士的人们，在向死去的忠诚者表达敬意后继续前行留下的足迹。走进历史之河，忠诚这个词真是显得华而不实，显出不合时宜，守着垂老君主之忠，坚信祖宗法典之诚，往往成为顽固不化的社会阻力。城头变旗，河山变天，人心变法，都是“不忠”的事，但生活就这样与时俱进地继续，历史就这样翻了新篇唱出新曲。

忠诚既然被大家认为是个好词，也就用来装饰一些不能说出来的事情，想不明白又确定不想的事情。有个时期中国老百姓都把忠字放在第一位，“无限忠于……”之类的话语贴在墙上，挂在嘴上，写在文章里，几乎是不说这几个字，就张不开口，动不了笔，办不了事。那个时候，有些事其实是想不明白也不想弄明白，比方说“与天斗其乐无穷，与人斗其乐无穷”，斗来斗去怎么会乐得起来？想不明白，就无限忠于吧！比方说“全世界三分之二的人民在水深火热中”，等待我们去解放，是真是假谁也没出去看过，就无限忠于吧。尽管那个时候，上班天天批斗会提心吊胆，下班缺吃少喝清水煮菜，但一想到“无限忠于”，心里充满了自豪感，一直到了思想解放才知道这叫愚忠也叫个人迷信。忠诚与迷信沾上就好词变坏事了。

忠诚是个好词，也是当首长当头目的最舍得的奖赏。正统的如此，主流的如此，黑社会也如此。说是如此，但几乎没有人觉得“忠诚”真的靠得住。正统的主流的社会，制定了大大小小的法律法规。现代社会里，最大的忠诚是忠于法律。小夫妻再山盟海誓，不如一张结婚证书。总统、首相竞选时夸下海口，真正上台还要向宪法宣誓。什么叫法律什么叫法规，说穿了就是看透了人性的弱点“少诚信，多善变”，用各种法规条款给人们的行为划出各式各样的底线。记住了法律和法规并且照章办事不走样就叫忠，按合约和协议办事不走样就叫诚。帅哥靓女亲密住在一起叫非法同居，怨妇恶男天天打破头但有张结婚证也是夫妻。现代社会是契约社会，这是社会的大进步，也是对人性中的“忠诚”彻底认识后的觉醒。去掉一个“忠”字，加上一个信字，叫做讲“诚信”：在这个社会中，各种各样的证书和合同在证明你是谁：出生证，身份证，工作证，社保卡、房产证、驾驶证、银行卡……它们比你更真实，因此你必须诚心诚意地相信它们并且保证它们的真实性，这就是“诚信”之根本！

也许这是个进步，合同条约代替了哥们义气，大到国家，小到个人，概不能外。忠诚这个词用得越来越少了，但我还是觉得，这确实是个好词……

格　言

格言是什么？地球人都知道，因为我们在格言这个指路牌的指引下走进人生。在现代都市中，指路牌太重要了，路上的路标，大楼里的指示牌，让我们能找到所去的方向和需要的帮助。比方说，安全通道的方位非常重要，我们在一个宾馆住下来，房门背后应该有一个安全逃生的指示图，没有它，万一发生意外，就可能失去逃生的希望。当然这几乎和买彩票同样概率极小，因此我们往往忽略了这进门头件事。上卫生间是最经常出现的需要，因此，卫生间的指示牌是我们经常寻找的目标。用得最多，花样也最多，最直接的是写上“男”“女”，还有的是画上穿裤子的与穿裙子的，还有烟斗和花帽，高跟鞋和手枪，w和m，总而言之，各种表达说明一个问题，这就像我们一天天长大了，才发现格言有各式各样的，生活也有各种不同的通道，这时候，我们不向老师交作文本了，我们也开始选择不同的生活，格言就像孩童时代的玩具，放进记忆的角落，任它落满岁月的灰尘。

于是有人说，格言是中药罐里的药渣，药方是早些年开出的，药罐煨了多次，开始还灵，越来越没有作用，但有人服食，而且颇有效力。于是，舍不得倒了，再煨一次。我们的作文就是格言药罐的产品。三十年前五年级老师出过的题目，三十年后五年级依然在做，而且，写不下去的时候就用上两句格言。这样的作文有意思吗？十个孩子九个不喜欢，写作文像喝汤药那么难受，而格言就是千煮万炖的药渣！

有的格言是药渣子，有些格言是过期的药片。然而我们也不能否认，有的格言像古董，像秦砖汉瓦，像竹简甲骨，像古币陶罐，像官窑青花，哪怕只是残片，它们有时深埋土里，有时弃之猪舍，有时高居华堂，它们的命运无常，同时魅力无穷。孔子《论语》二十篇不足两万字，老子的《道德经》八十一章约有五千字，但是中国文论典籍中，这些短文简句却几乎成了各个时期出现在各种场合的格言。特别是孔夫子，真像一个古董，打碎了，又黏合拼接成另一个，再打碎了，再次黏合拼接在一起。那些片言断句，也就成了一个又一个时代的格言，能养生，能治国，也能唬人卖膏药！

格言到了现代社会更显得力不从心了，这是一个天天升级杀毒软件，年年更新电脑芯片的年月，多数的格言就是老式电脑286，气喘吁吁也赶不上生活变化的速度。过去的老人一开口："老话说得好……"这老话也就是民间格言，老话就是理，越老越有资格。现在天天有新词，有网络语言，有雷人的雷声，网络重新确立了新的生活格局。要是尽说老话套话，没有人以为你有水平有才学，只会把你当干部，而且是"各级等待退休的干部"。

尽管如此，无论是过去还是未来，格言或类似格言的警句还会生出来，而且流传下去，无论是高层精英，还是低层草根。伟人邓小平说了许多话出了许多书做了许多事情，其一生功绩也就让人记住：黑猫白猫抓住老鼠就是好猫。宋丹丹演了那么多小品最有代表性的一句台词是："太有才了！"刘谦的魔术千变万化其实就是一句："见证奇迹的时候到了！"

说出长篇大论不难，特别在今天有电脑有秘书还有枪手。

说短话难，说自己想说而别人想说又没有说出来的话更难，说出一句让人记住特别是让十三亿人记住的话难上加难！这个难度其实就是一份体检报告——报告指出在高度数字化时代，曾经创造了美妙语言的人类，那么聪明无比地让语言七彩生辉，而今天开始变得痴呆和麻木了。就像我此刻，一旦离开了电脑，脑子一片空白：下面该说什么呢？

我习惯地打开百度，搜索：文章结尾最好的格言？……

薄厚街五号人物谱

这些都是曾在我生活中出现过的人物，他们那么生动而光彩，几乎成了我一生的伴侣，是哪儿出现过的？就给他们一个地址吧：薄厚街五号。

——题记

三 得 意

说的是一个人，在这方地面上小有名气，如果在科举时代，够得上秀才，懂古文，说方言，还读过几天的英文。因为有这才干，在前几年还担当过当地政协的委员，姓马，吃早茶时，街坊都先向他打招呼："马委员早，马委员今天又要接待外宾了？"古城不大，有明清建筑，成了对外开放的观光点，常有各式的外国人来此观光。旅行团的这等外宾，由旅行社的小导游陪同，重要的外国要人和港台富商，上面有专人陪着来看，不要本地的陪同。介于这二者之间的观光客，就常常劳动马委员的大驾，请他出来当陪同和解说。马委员在文联里当个创作员，资格老，评上了一级，全称“国家系列一级作家”，马作家写过什么大家记不得了，同事便从这一长串称号中免去作家两字，当面背后地叫：“马一国！”马一国在文联上班没有实事可干，三天两头旅游局来请，两头挣钱，一头吃社会主义大锅，一头吃多劳多得的红包，同事说他也算“一国两马”。

开始请到马一国，大家觉得老先生学识渊博，请得应该。一请再请，几乎成了专业，大家心里就嘀咕起来。古城虽说资格老，但够资格的地方也不多，文庙前半条街，再加上两个老牌坊，能有多少故事可讲？就算是小城故事多，录音机录下来，叫旅行社的那些导游小姐背上三天三夜，也就滚瓜烂熟了。而且小姑娘们说的是普通话，水灵灵的声音，也比马一国公鸭似的嗓子好，何况，马先生还不会说普通话，这更让大家不好理解了。

不吃梨子哪能知道梨子的滋味？有好事者，跑到旅游局去打听。旅游局的局长姓牛，所以大家都叫他牛头：“喂，牛头，你把文联那个马委员弄到你局里当陪同，怎么成了个专业户了？”“你说那个马嘴啊，谁是马嘴？你还不知道马委员有个雅号叫马嘴？我们就吃那张嘴了！那张嘴让马委员出够了风头，现在他还有个大号叫三得意！”什么三得意？牛局长卖关子不说，好事者更心痒痒，于是跟着马委员实地考察了一回。

第二天，有个日本吟诗考察团来到此地观光，这算外国文化代表团来访，当然要马委员出马了。走到文庙，牛局长介绍说：“尊敬的外宾女士先生们，为了让诸位更能理解本地这些文化古迹的珍贵之处，我们特请来本地国粹专家马先生给大家作介绍。深得古建筑文化精华的马先生为了更好地阐释和介绍这些古迹，只能用方言古文给大家介绍，同时，我们请来了古文专家陈校长、方言专家朱先生和日文翻译攻小姐，配合马先生工作，谢谢大家光临。”说罢，马先生用方言背起他自撰的一篇古文，咿咿唔唔，啊啊呀呀，摇头晃脑，抑扬顿挫，如歌如泣，似唱似号。在谁也听不明白的一通云山雾海之后，众人听得目瞪口呆，寂静半分钟后，响起哗哗掌声，马委员脸上露出得意的笑容。然后，古文专家陈校长出场，又是一通咿唔啊呀之后，众人依然不明白，再次寂静半分钟后，又响起哗哗掌声，马委员脸上再次露出得意的笑容。随后方言专家朱先生将此方言又译成普通话，观光者中有稍知一点中国话的人，开始合上张开的嘴，频频点头，以表示他对中国话很明白，那些不懂中国话的日本人，则从同行的点头中感受到此中学问的博大精深，嘴里哟哟地赞叹。于是再次爆发热烈的掌声，马委员的脸上第三次露出得意的笑容。啊，好个三得意，原来高招在这里。等到导游把马委员的那段话最后翻译成日文的时候，观光客们已经对原先想看的古迹不感兴趣了。他们认为此行最大的收获，就是看到了一个学问高深得要三个翻译才能让平常人明白的马先生。而马先生的三得意，也发自内心，谁能想到他这样的高水平的节目呢？

于是，一座庙前半条街，再加上几个牌坊，每一处都要再来一回“一讲解配三翻译”的表演，就把一个代表团拖在这里待上大半天了。又是餐饮，又是购物，本地上许多行业得到振兴。马一国的三得意也造福一方啊！不久，文联主席称病让贤，马一国说：“我是个作家，哪有时间去当官呀？”坚辞不受，一时传为佳话。

半 瓶 酒

俗话中有一句叫“半瓶醋”，他有一个绰号叫“半瓶酒”。半瓶酒是什么意思？恐怕还要从头说起。

他姓什么，不好说，怕别人来对号，所以就说他叫老古，真姓还是假姓？都不当紧，你看了这篇文章，你自己心里明白。

多年前这个机关虽然不大，但有名的人多，办公室不新，是个老军阀的旧公馆，刚好配对。我是新人，在这里没有我的地方，就住在办公院里的一间偏房，一半是库房，一半是我的宿舍，方便。也为了方便，常在机关与我做伴的就是老古。老古是机关的老职员，中华人民共和国成立那年就参加工作了，大学没毕业，就来到这个机关进了这个旧军阀的老宅子。这个宅子出名人，"反右"出"右派"，"文革"出造反派，改革开放出现代派，但老古不出名，总是给领导当科员，也给名人当秘书，名人倒台了再回科里当科员，谁也没把他放在眼里，因此，长江后浪推前浪的运动，没有把他运动进去。他每天三件事，上班前打开水，开会做记录，下班打扫办公室，总走在最后，也就总与我做伴。

走到最后，有走到最后的道理。把办公室暖水瓶里剩下的水，倒进自家的暖水瓶里，三间办公室剩下的开水，装满两只五磅的水瓶："莫要浪费了，全家洗脸洗脚都够了。"那时在茶馆里提开水，五磅的水瓶是两分钱，晚走一会儿，节省下四分钱，一年就算三百天，可节约十二元："那就是一个月的伙食了，该省就省，对不？"冬天办公室还生有火炉，老古就走得更晚了。坐在火炉边看报读书，有时还烤上一两个红薯，直到看大门的方大爷来清场。有一天，办公室的人加班凑份子吃了一餐，剩下半碗烧鱼的料汤，老古热情万分地给我送来："没鱼了，下饭还是好东西，莫客气。"我一看剩菜残汤，忙谢道："吃过了！吃过了！"老古转身走了。过了二十分钟，老古托着一块豆腐从外面回来，抬头见我，就说："不过了！捅烂就捅烂！钱嘛，生不带来，死不带走，老古今天就吃它一回鱼香豆腐。"说罢进了办公室，用剩鱼汤在火炉上煮豆腐。一会儿传出他的戏腔。

我知道他为什么历次运动风雨安然了。我给同事讲起了老古下定决心吃了一回豆腐，同事一笑，告诉我他"半瓶酒"绰号的来历。“文革”初期，老古给机关某名人当秘书，也就帮名人日夜辛劳地写检查。有次检查写到大半夜，当领导的名人拿出半瓶五粮液：“老古，辛苦了，我这还有半瓶酒，你回家喝两口，解解乏吧。”老古拿了半瓶酒回家，一夜睡不着，第二天一早，提着酒上工作组去了。“组长，我是他的秘书，替他写报告是党的工作，替他写检讨也是分内工作，这半瓶酒就出了原则了，还是交给组织处理吧！”从那以后，说到老古，人们就从半瓶酒起头，这半瓶酒让他在任何一次运动中都不列入斗争对象，这半瓶酒也让他在任何一次提干时都没列入考察名单。

老古就这么当他的科员和秘书，从小科员到老科员，从小秘书到老秘书，而且许多都曾是他同事和晚辈，提上去了，就点名让老古去当秘书。就这么一年又一年过去了，平平常常的老古也就平平静静地退休养老，遇到机关的人，乐呵呵一笑，便隐没在人群里。

这些年，常在报刊上读到老古的文章，都是回忆悼念这一位或那一位名人或领导。文章写得生动好看，因为有许多鲜为人知的小事，让这些故去的名人得到了读者的好感。老古的文章有人看，老古也就火起来了。“在中国当作家不是要写得好，是要活得长，你看老古，人到七十了，稿费见涨了，人家文章也就出山了。”许多人都这么说，好像老古不是在写文章，是在炒股票。

老古现象在文坛引起争议。一派说老古文章好又没参加作家协会，是民间写作的掌门人之一。另一派说他是中国的知识分子写作的典范。第三派说他是老公务员，虽只是科员但也是政府人士不能算民间写作，大学没毕业更不是知识分子的正规军，因此是个体制内的作家……于是有媒体采访老古，请他谈谈对这场争论的想法。老古呵呵一笑：“都行，都行，他们都在说我是‘半瓶酒’，不是‘半瓶醋’嘛！”

红 绿 灯

说的是一位先生，说到他，就想到“红绿灯”。你别误会，他不是警察，是个文人，在我初入文坛谋生时，他已算是文坛宿将了，在一个编辑部当头头。

说是头头，又不是一把手，但他与一把手资历差不多，因为早些年的运动中，被批判过，档案袋里不知装进了些什么零碎，虽没有什么“分子”的帽子和处分决定，但是，一说要重用提拔，送上去的报告就没有了下文。这么搞过两三次，就再没有人说提拔的事了。没有提拔，但有资历，经过风雨，满腹文墨，于是就在编辑部里当个没有名分的头头，工作是替主编把关。

把关的事重要，只有一件，整本杂志经过三次校对，送厂付印之前，请先生再看一遍。看一遍大家校过三次的清样，他总能再找出几个毛病来，或是错字，或是语病，或是异形不规范的词。找出来了，红笔一圈，不送主编，把校样夹在夹肢窝里，端着茶杯，从他的小办公室，走进小会议室。一见这动静，编辑部主任就自动把大小编辑召到会议室里。“嗯嗯！这一回，错字不多，但是异形词有几个，这是‘内讧’，不能写成‘内哄’，虽说没大错，但不规范。还有云豆，少了草字头，芸豆才对。‘热呼呼’多了口，‘热乎乎’才行。别看这些字，报纸书刊上也这么用，我们不行，我们是文学期刊，有文化没文化，就这紧要处！”就这么三两个字，说上十分钟，他这一个月的活就完了。听了他一通白话，主编就放心了。大家说这事叫“抓虱子”，那些似是而非的字与词，就像主编内衣里的虱子，抓走了，主编心上就不痒了，舒服了。主编心里舒服，这位抓虱子专家也舒服。抓虱子半天，掐死十分钟，剩下的时间，都是他的了。有时间也把字练得有门道了，杂志社外半条街的饭铺门匾都爬着他的字。

就凭这本事，他成了编辑部的头头，与主编待遇相似，只是没有名分罢了。虽说他抓出的是不是虱子，也有过争议，但第一是主编给面子，哥们照顾，找个由头；第二他是个提不起来的老人手了，也让大家心里怜悯。每个月，个个都豁出来就装傻充愣听他十分钟，同事间的道理就是如此！他只是会抓虱子，也不会叫红绿灯呀？别急！过了几个月，风声紧了，在我刚到编辑部的那些年，“运动”遗风还有，此风余威还在，让人长了不少见识。编辑部开会布置查刊物，不查错别字，不查语法，查封建主义、资本主义和反对社会主义等大问题。主编声色俱厉，让人不得其解：“这事是主编主管的，你把关的，怎么查到下面作者和编辑头上了？”动员之后，出人意料，主编就叫这个抓虱子的专家当清查组的组长。

清查进行了半个月，没什么动静。清查进行了一个月，召开清查总结大会。

主编讲了一大堆学习提高的意义，然后请出了清查小组长讲问题。这一回，看见他，不知为什么，就像有虱子在背上爬。听见他讲话，刹那间，本来发痒的背，一下子发凉了：“嗯嗯，这首诗，表面上是民歌体，表面上是写爱情，但是，这句诗是什么意思？‘看着公鸡跟着母鸡转，我的两眼里泪花不断。’主编是城里的老同志，不知道不为过，但当编辑的人下过乡，难道不知道公鸡要与母鸡交配？这暗示着下流色情的欲望嘛！这是严重的腐朽思想在编辑队伍中的表现！更为严重的，还是这一首写立交桥的诗，有这样的句子‘再没有红灯阻碍我们前进的步伐’，这不是公开叫嚣取消革命的红灯吗？几十年我们就是在革命红灯的照耀下前进的呀！不要红灯？这太疯狂了吧！还有这个作者叫什么‘宋元明’，三个封建王朝，这不是公然想复辟封建主义吗？……”这下子会场炸了窝，诗歌编辑是个血气正旺的小伙子，忽然站起来：“看见公鸡你想什么我管不了！立交桥上没有红灯了这是事实。红灯停，绿灯行，这是交通规则你知道不知道？请问，你看见谁家的红灯亮了，革命的列车向前进了？”“嗯嗯，《沙家浜》，不对，《红灯记》！”那小伙子笑着顶他一句：“你那个‘文化大革命’，就是红灯亮着还开车，江青的车都开翻了，红绿灯先生，你知道吗？”全场哄堂大笑，他愤愤退场，主编摇摇手，会议自动结束。

从此，大家都叫他“红绿灯”。他也算个“运动”遗老，因为正是改革开放之初，他还有幸表演了一回。之后，在我的记忆中，真还难见到这样“会抓虱子更会抓问题”红绿灯式的人物了。

罗诗兄

罗诗兄下海，只因为一餐饭。罗诗兄本来的名字叫什么，大家都忘了，只有身份证上写着，谁也没有和罗诗兄一起坐过飞机，于是那个名字就比名字的主人更早地退出了这个人世。因为罗先生在诗界是个忠厚长者，四十多岁了，还在和一帮青年前卫诗人一道激动，所以，罗诗兄就成为这圈子里的兄长兼追随者，“诗兄”之名也就远播海内。罗诗兄下海的那一餐饭局是在省城一家有名的刘嫂火锅店。省城曾是中国前卫诗歌中心，罗诗兄到了成都就拜访诸路先锋掌门人。然后，齐齐聚在刘嫂的笑容下，点菜、开涮、敬酒，各路先锋争着举杯：“罗兄，在火锅店为诗兄接风，不成敬意，主要是随意，有个气氛。喂，今天我埋单付钱，大家就给我这个面子嘛！”“哪能！哪能？罗诗兄到此地头一个电话就打给我，没得说，我是今天的东家，坐坐坐，莫要争！”火锅热，啤酒爽，诗意浓，罗诗兄深感诗友们的情意，放胆畅饮。不知不觉过了量，酒一上了头，便什么都不知道了。醒来后，发现自己躺在刘嫂火锅店前堂的长椅上，小姐走近，笑吟吟地说：“先生，你请的客人都有事情，先走了，叫我们关照你。歇好了吗？这是账单，请你过目，不多，打九折，一千七百元，零头就免了，先生是付现金还是……”付完钱，罗诗兄走出饭店门，自己怪自己：“唉，诗穷而后工，我怎么没想到，他们的诗写得那么好，哪能有时间去挣钱？让诗人的手去摸钱，那是亵渎了诗人的手啊！”他觉得让诗界弟兄为难了，他想：我是当不成先锋诗人了，当个诗歌后卫吧。

不久，罗诗兄下海开了一家火锅店，名叫“罗诗家”。牌子挂出来，都说不是火锅店名字，于是改成“罗吃佳”。罗诗兄的火锅店一开张就火了一把，晚报上大篇文章报道《诗人火锅店诗意沸腾》。这文章让“罗吃佳”一时间人满为患。“为患”二字从何谈起？看的人多，吃的人少，看的把吃的都挤跑了——这算不算“患”？有啥看头？门匾是本城诗画一绝的大诗人题写：日昌晶。三个字什么意思？只知原来有个饭铺名叫：口吕品。这多加了三横，怎么讲？就值得一看。还有对联，也是绝对，叫好的人不少，说看不懂的也多。比方说：腹中精料诗书画，锅中热情天地人。再比如：百味一勺精神气，千盅半行意趣象。门匾对联都是雅品，菜单更是罗诗兄诗人天赋的展示。佳人玉臂——藕片、爱情手巾——毛肚、青玉案——黄瓜条、分外香——黄花、薛皤赋诗——牛鞭……就这样，热闹了一个星期之后，罗诗兄的火锅店冷清下来。这让罗诗兄十分困惑。请教朋友，才知道他又弄错了。这“罗吃佳”太雅，如果不是写诗的人，进了门摸不着头脑，心里发毛，一看菜单就抬屁股走人。写诗的朋友，穷要面子，白吃不好意思，白吃一顿两顿说是捧场来了，第三次就不好意思不掏钱。真要掏钱，他们宁肯掏钱看刘嫂的阿庆嫂式的笑脸，也不想读罗诗兄的诗意菜单。不到两月“罗吃佳”诗歌火锅店就死硬了。关门。

罗诗兄的故事到此就该完了，但这么完了，罗诗兄就太惨了点，也不该让诗坛再加上一个悲剧故事。后来……

后来，罗诗兄请教了一个高人，把火锅店变成了酒吧间，取名“罗亭酒吧”。而且请了两个晚报娱乐版记者，写了一篇悲情报道：“让情人告别爱情，让诗人告别诗歌——罗亭酒吧酷在伤痛处。”宣告酒吧一是为分手的情人服务，二是为决心不写诗的诗人效力。文章一出，罗亭酒吧一开张就门庭若市，而且经常是情人们和诗人们为争座位发生斗殴，让传媒兴高采烈地进行炒作。一段时间罗诗兄的见报率仅次于周润发。不知为什么，分手的情人越来越多，搁笔的诗人也越来越多。罗诗兄在商场得意之时，也为情场如此多的失败者，诗坛如此多的落马者，大惑不解。后来，他发现，他的顾客都成了老顾客了，怎么？是分手分不开，还是告别别不了？都不是。是什么呢？是情场分手的人，都在分手后选择了埋头写诗，写失恋的诗。是告别诗坛的诗人都忙着找情人，而且总是找到失败为结局的情人。

“唉，想不到，我还是在为先锋诗人们当后卫哟。”罗诗兄长叹一口气，埋头数钱。

三　缺　一

三个人坐在一起聊天，因为三缺一，没办法玩牌。聊什么好呢？就说三缺一的故事吧。

头一个说：“我讲的这个三缺一的故事，也是打牌的事。市文联里的熟人，就不说名字了，叫老缺，行不行？老缺是个老作家，单身汉。邻居是个三口之家，户主王先生也五十多岁了，还有一个续弦的妻子快四十了，带过来一个女儿，不到二十，待业在家。这家的三口人都爱摸麻将，三缺一，就常常把邻居老缺请来，一起玩。老缺的手气好，一个对三，常赢。老缺说不是他的手气好，是这家人牌风好，不出老千，所以他总盼着和这一家人玩牌。玩够了，起身说：‘下星期再来。’出一个门再进一个门，睡上一个好觉。常在一起这么玩，也就玩出了感情。这里头的变化我就说不清了，只是那女人带着女儿一起搬到了老缺家，他们成了一家人。一家人过得还好，只是从此就不说打麻将这件事。到了过年的时候，不打牌好像没有个过年的样子，老缺就说：'三缺一，把老王请过来打牌吧。'老王也没推辞，四个人打了个通宵，熟人熟道，也就忘了彼此的芥蒂。天快亮了，老缺一抬屁股说：'下星期再来。'转身一个人走了，出了一个门，再开第二个门，钥匙捅了半天，就是打不开。这边三个人也愣在桌子旁，不知说什么好。后来呢？啊，后来，老缺还是单身，那女人又和老王过了。没吵没闹地重回旧道。你猜为什么？原来四个人都说，第二回老王当上三缺一，大家打起牌来，都找不到感觉了，于是，都认为还是头一种三缺一的组合好。"听了这个故事，两位听众感叹不已："哎呀，都说赌场得意，情场失意，这又是一解，牌友高于情敌。"

第二个也讲了个三缺一的故事："我讲的是个老套的故事，只是请耐心听下去。有两个写作的朋友，写什么的？说写诗的，对号入座的一定多，就说是写歌词的吧。一个姓张，叫张歌。一个姓何，叫何词。张歌出国前，把自己原先的女朋友介绍给何词，请他多关照。这一关照，就关照成何词的女朋友了。何词觉得过意不去，写了一封很好的致歉信。张歌收到信后，大喜，自己策划的大撒把成功。于是张歌立刻在日本（或是美国）找了一个外国阔佬的千金良子，吃上了洋人的软饭。这个消息传回国内后，何词发觉自己原来是当了个二传手，他不动声色，依旧与张歌电话加传真继续联络友情。后来张歌想到国内发展，收购唱片公司，包装歌星，把自己的歌词推向世界。计划宏伟，张歌把良子先派回中国，以外商老板的名义，打前站。张歌给何词一个传真，何词便到机场去接未来的董事长夫人了。两个月后，张歌给何词打电话，说他马上回国。何词说：'好啊，你回来后能赶上我的婚礼。'‘祝贺你,我一定赶回来,你告诉我的女朋友,让她先代我送给你一份礼物。'两天后,张歌一下飞机就给何词打电话,知道婚礼正在酒店举行。到了酒店,只见何词与那位良子小姐礼服婚纱,而他第一个女朋友正在当伴娘。何词迎上前去,双手拥抱张歌:‘你来了正好,你看我和良子结婚,三缺一,就差你这个老朋友来当证婚人了。'"讲到这里,两个听众欷歔不已,忙问:"后来呢?""啊,后来张歌与原先那位破镜重圆,在良子资助下出国定居了。而何词成了歌坛一腕,包装何词的资金自然是由良子出,歌词据说是张歌给他当枪手,因为大家都发现他歌词里的‘西方资源'太多,有股酸奶油味。"

该第三位讲了,第三位想了想,说:"这样吧,三缺一打牌的事,你回去拉一个本子出来,风格就搞成个室内剧,二十集,名字就叫《三缺一,缺的是你》。第二个关于三缺一搞三角恋的事,你回去也搞个电视剧提纲,也二十集,名字就叫《三缺一,缺的是谁》。"

不久,各电视台就刮起了一股"三缺一风暴"。

(后注:以上所说的两个电视提纲,欢迎洽谈改编或拍摄制作,如侵权仿制"三缺一"系列,那所缺之一,乃"缺德"也!切切。)

粑耳朵

说起粑耳朵,友人来访说起他还是那样,当办事员。几十年过去了,还在原来的位子上,等着退休。这让我很惊奇:"我认识他那阵,他猴急着想升上去,怎么,还没有圆满?""还是那样,新领导一来,第一个扑上去的总是他,新领导待腻了,第一个腻歪的也是他。"我笑了,我想起他说过的话:"新领导上任,第一批冲上去的准是‘坏人’，而他是坏得不够水平的人，因此，也是新领导变成老领导后，第一个进冷宫的‘老实人’。”

……粑耳朵姓什么，没有人提，据说怕老婆怕得出了名，得了这绰号。他也不生气，一叫就应，笑眯眯的一声“哎”让你觉得对这样的老实人，要欺负他，就是罪过。有一次，头头问我对同事的印象，我把我对粑耳朵的看法说了。头头笑了笑，只说了句：“他是个上进心太强的人呀！”我没明白这是表扬还是……他在同事中算是老人手了，一正一副的头儿后面，好像就该他了。“储君”难当啊，我心里想。不到三个月，单位出事了。

副头儿因为爱舞文弄墨，社会上有点小名声，这一回撞上批“自由化”，有人把副头儿写的文章在省报上批了一通。这在当年也算是件大事，放到今天就没什么了，只会让副头儿一举成名。批判文章登了，据说刊登之前正头儿还到报社去了一次。去干什么？同事们都在猜测。粑耳朵的一个朋友从报社传出话来：“你们的一把手同意发表这文章，只是把你们单位的名字删掉了。”放下电话，粑耳朵他立即把这话告诉了每个人，他的两只耳朵开始发红，然后两腮也红起来。他来回踱步，看表，然后说了声：“我有事，早半小时下班走了啊。”跑出了办公室。第二天，上班时我们每个人的办公桌上，都有一张昨天那份报纸。粑耳朵一本正经地打开那报纸，全神贯注地读啊，好像办公室里没有其他人。这时候，我看见正头儿进来了，他环视一周，把两眼落定在打开报纸的粑耳朵身上，嘴角透出一丝不热不冷的笑，转身走了。看见这笑，我知道粑耳朵这一回没戏了。

新来的副头儿，年轻气盛。粑耳朵很快就得到了新头头的好感。同事们也感到，粑耳朵似乎把上进的希望放到了新领导的身上。他对一把手说话时不再弯腰了，把弯腰的动作留给新副头儿。这变化没有半年，粑耳朵又把他变回来了。一弯一直的形体语言，告诉我们每个人，单位的政治风向有了新突转。正是夏天，单位从下面调了些人来办学习班。学习班除了学习，还有休闲度夏的意思，所以，大家都到郊区旅馆的学习班上学习去了。两个头头是单间，我们都在学习期间忘情于山水。这一天，上午学习文件，新头儿感冒了，没有参加。大家在山间凉亭里学文件，有上头的精神，有山泉叮咚，有鸟鸣蝉唱，别有情趣。突然，一个旅馆工作人员气喘吁吁跑到一把手跟前，在他耳边说了句话。一把手站起来，叫上粑耳朵和我们几个工作人员："我们有点急事，学习班其他同志继续读文章，好了，走吧。"我莫名其妙地跟着一把手回到了旅社。只见头头直奔副头儿的客房，敲门，没有人应，门从里边插上了。此刻，只见粑耳朵变戏法似的端来一只方凳，放在客房门口，嘟起嘴，竖起食指，指了指门上面的玻璃顶窗。他的意思是让一把手爬上去看。他这一指头，让一把手气得扭头就走，甩下一句："你端来的凳子，你就坐在上面守着他出来！"说话时，他的嘴角又透出那丝不热不冷的笑来。后来，粑耳朵坐在那凳子上没有？新头儿和一个女学员怎么走出房间的？

都不清楚。但我清楚，粑耳朵这一回又没戏了！他怎么想起去端一只方凳呢？

粑耳朵其实也是个老实人。如果第一回不急着掏钱给每个同事发一份报纸，如果第二回没有去端那只凳子，他上进的愿望也许就实现了。他只是上进心切罢了。一心切，就在关键的时候憋出点小错。唉，小错不小，误大事也。

……友人想给我讲，在我离开这个单位后粑耳朵的故事。我摇摇头："别讲了，回去见他，就说，我还念着他。他不是个坏人，没能上进，就够难为他了。"此刻，我心里还在替他惋惜，他怎么就总在最后一分钟时，憋不住呢？

胡总编的"作案工具"

这是一个小故事，事情从胡总编出差的提包说起。胡总编原来是市政府里的一个副局长，后来调到市文联当上主持工作的秘书长，同时兼市办文艺杂志《月亮湖》的主编。据说，这位胡总编是学财贸出身，到文联工作是他主动请缨："是的，是的，到文联工作是我多年的愿望，多年的梦想啊！"胡总编喜爱文学？不……对？喜欢艺术？也……对！据说市里局级干部中，书法有名气，小吃一条街，一半的招牌是胡副局长手书。全市举办的卡拉OK大赛上，胡副局长榜上有名，舞也跳得最好。胡副局长变成正局级的胡总编，十二分谦虚："皮毛，皮毛呀！调到文联工作，才有机会向大家学习，我一定多多深入基层，向第一线的专家们请教。"胡总编说到做到，坐机关编稿子的事，放给了"执行总编"，自己天天往下跑，提着个大大的提包。"唉呀，岗位变了，跑基层的习惯改不了。没办法，学商业搞财贸多年，养成了个'货郎习气'。不好改喽！"初来乍到，真叫文联那些坐而论道为生的文人们佩服不已。

文联的基层在哪里？在作家的书桌？不对！文联联系群众最多的点在哪里？居民小区读书室？也不对！"你说在哪儿？在舞厅在卡拉OK包房里嘛。这是计划经济转向市场经济，市文联工作的新重点。"胡总编凡是到了区里、镇里和乡里，都这么大讲特讲，讲出了时代特点也讲出了各级文联的新财源。讲得多了，胡总编就被大家尊称为"胡编"，胡编的大提包也成了知名的"深入基层工具袋"。里头没有上级文件，没有讲话稿，没有笔记本，但一定有三件主要"工具"：一是跳舞专用软底白皮鞋和一瓶香水。胡编有话："我跳得不好，胡跳，只讲气韵两个字，气是香水相传嘛，韵是鞋为基础嘛。"二是题字留墨用的笔和大小印章数枚。"胡跳"有话："我写得不好，胡写，只讲'神采'两个字,神是好笔有锋嘛,采是好印泥如点唇嘛。"三是一盒名片,上面一大串头衔:文联××、书法家协会××、舞蹈家协会××、音乐家协会××……"胡写"有话:"头衔多了的官谁都当不好啊,胡当,只讲'糊涂'两个字,难得糊涂嘛。"经胡编、胡说、胡跳、胡写的糊涂官这么一讲,听者无不点头称是:大智若愚!大智若愚也。

这一天,胡编的作案工具大提包丢了!舞厅里的胡编一下子变成了贾宝玉,像丢了脖子上石头的贾宝玉。没有了白皮鞋和香水,胡编只跳了一圈子就退场了。胡编一走,那伴舞的小姐坐在一旁揉脚:"天哪,胡编身上那狐臭把人熏得跟不上点了,让他踩了十几下!"呜呼,胡编在舞场栽了,这不是好兆头。

不久,有几位市领导各自收到一份清单,每一位的清单上列出了这位领导在胡编陪同下深入基层的账单。在一大串吃、喝、舞、唱、拿的项目后还有一个戏剧性的"批示":以上项目属实。盖章。字是胡编的字迹,印章是胡编的印戳。这个消息在市里不胫而走,成了人人都知道的快讯。这个快讯也传到了胡编耳朵里,但是没有一个领导找他谈话。急得胡编抓耳挠腮。明明是天大的冤案,但没有人传讯,也就无法申冤。

不是不报,时候未到。不久,全市开始扫黄打黑,报纸上战果累累。比报纸上的战果更引人吃惊的是私下里传的故事:每个被收容的三陪小姐钱包里都有胡编的名片。据说,开始派出所还传唤了胡编,但经三陪小姐指认,均不是向她们散发名片的客人。三陪们口述向她们散发名片的客人,有的说是络腮胡子大汉,有的说是麻秆瘾君子,总之说不清是谁了!

都是那提包招惹的祸。于是"作案工具"这个代名词也就传开了。丢了提包的胡编从此后,也没有兴趣深入基层了。坐办公室又坐不住,坐了两天办公室,写了一份辞职报告。报告递上去,飞快地批了下来:同意,任局级巡视员。这下子,胡编又成了“胡巡”了。

头衔是巡视员，“胡巡”却从此绝不下基层巡视。就是上面召集的要在宾馆里开几天的会，“胡巡”出席时也不带提包，连笔和本子也不带。只带一样东西：牙刷。

常有理的老婆

领导同志，啊，你说你不是领导，您是上级机关到我们下属单位来了解情况的同志，当然就是领导喽。书记们是大领导、老领导，你是小领导、年轻的领导、大有前途的领导。是啊，我是老同志了，常有理同志已去世多年了，我还坚持在革命岗位上，这个单位的人，当面还和几十年以前一样，叫我小吴，背后都忘了我的姓，一开口就说“那个常有理老婆”！唉，世风日下，我们这些老一辈的道理，吃不开了。吃不开也不能不讲呀，对不对？小领导同志，你这身唐装挺好的呀，你的觉悟就是高嘛，你穿的是红色的唐装，和咱们的领袖一样。你说先谈对单位主要负责人的意见，意见就在这里等着呢。我们这个单位的一把手呀，就没有你这个觉悟，穿的是蓝色的唐装，竟然和布什穿一样的颜色。我希望你们重视这个问题，虽说这个一把手能经营，也有些人拥护他，但我就信不过这个不喜欢红颜色的人。我们家常有理在世的时候，就念念不忘，就再三写文章告诫人们：有人要改变我们事业的颜色！你说你穿的也不是红色是紫色？小领导同志，红得发紫，你听说过吗？红和紫是一家嘛。蓝色就不同了，差远了！冲这一点，这个一把手，我就不放心，不止是我呀，千千万万和我一样的老同志，都会对领导改变颜色的问题十分重视！

征求对年轻同志的意见？年轻当然好，未来是他们的嘛。但是我说的是他们，不是他小朱，还有她小马。小朱有一个优点，年轻，除此之外，问题太多了。他的学历高，有个博士文凭，这叫什么长处?这个世界上有学历没学问的人太多了,他就是一个!我没学历,能怪我吗?怪“四人帮”,要不是“四人帮”让我初中没读完就干了别的,我现在没准就是个女院士了。还有她小马,只有一个优点,和我一样是个女的。除此之外,女人所有的毛病她都占完了,最大的缺点就是讲时髦,爱打扮。现在不说资产阶级生活方式了,但精神文明总要讲吧?上班穿得好像是准备当模特儿一样,她自己想入非非,也会影响意志薄弱的同志想入非非。有一天,我好心好意给她提个醒,我们这是个文明单位,请她注意言行。她不但不接受,还反攻倒算,叫我洗脸要洗干净脖子!能这样对老同志说话吗?唉,我家常有理在世的话,谁敢这么放肆哟。

说说业务骨干?大刘还算业务骨干?是啊,他是点子多,但点子多能算成绩吗?别只说他出过的那几个好点子,谁知道他脑子里还有什么坏点子?没有事就动心眼的人,我一看就一百个不放心。他自己动心眼不说,还成天鼓捣电脑,人加机器一起算。有人说他是工作狂,我看这种人太能算计了,太不踏实了。干工作就要一心一意,他不止三心二意,是千心万意,他就是个奔腾机芯,天天想升级,天天变心眼。有人说他的论文写得多。现在是信息爆炸时代,光是看电视那几十个频道就让我选得心烦。他写那么些论文,不是给这个时代增加信息垃圾还能是什么?是的,信息垃圾这词我刚学的!但我深受其害,前几天,不知道哪个家伙,给我的手机上发了一堆黄段子,低级呀,下流呀,还都有个名:《常有理的故事》。这不是损害我家老头子的名誉权吗!所以呀,我对迷恋电脑的人都不放心,大刘也在我的警戒区内!

还谈谈两个得奖的同志?你说的是得奖王和专利赵?这是他俩的绰号。这两个人呀,本事有一点,问题有一堆,简单地说,就是四个字:追名逐利。原先咱们得个奖,是精神追求,大红花，光荣榜，多纯洁。现在直接与钱挂钩，都是冲着钱玩命！小领导同志，你也知道评奖的内幕吧？你有脚气吗？啊，没有。你有狐臭吗？啊，当然没有。但他们就有，我就看他俩都买过大包大包的脚气膏、狐臭水。用得了吗？用不了送人呀！送给那些评奖的评委，评委爱生脚气和狐臭！我怎么知道？你听说过“臭气相投”吧，说的就是他们这档事！

再说说我自己？我没有什么好说的，别说了！一定要说？那就简单说几句吧：我这个人学历不高，只是经验丰富而已；我这个人能力有限，只是有觉悟有水平而已；我这个人特长不多，只是有一条，在关键时候是个叫领导放心的人。

小领导同志呀，还是多考察考察其他同志吧！万一，万一没有更合适的人选，我就给领导当个听用候补的吧，老鞋只要没破，穿上准舒服，准不夹脚，你说是不是这个理儿？嘿！嘿……

继续观察……

没办法，有时候你也会像我今天一样，和一个自己讨厌的人坐在一起，不是坐在一张长椅子上，而是面对面，在一间不大的会议室里。实在不喜欢他那张总是挤满笑容的脸，那些笑容像发酵的奶油一样，酸而且馊！生气吧，只能是折磨自己的神经，在已经倒霉的环境里再添上倒霉的心境。出去吧，大街上正刮着零下十度的西北风，让自己在寒风中诅咒挨冻，而让那个讨厌的家伙在暖气充足的房间里品味红茶和驱逐对手后的快乐，实在是一件傻透了的事情。不能生气，也不能退场——生活有时就这样给我们出题目。好吧，那就研究一下这个多年不见，一见就让人讨厌的人物吧。研究！必须用“研究”这两个字，这两个字有三重意义：一是让自己与对方保持距离。讨厌的人之所以讨厌，是因为与自己有恩怨纠葛，会引出那些不愉快的往事。研究好就好在引出距离感，研究是让自己端正态度，有了距离感就少了情绪，多了兴趣。二是让情绪退场，情感退场，让理性出面，让头脑在另一个跑道上思考问题。由情到理，首先就能让自己从恶劣的心境中解脱。三是角色转换，让老对头变成了新对象，研究的对象，就会有新发现。想一想也是，这家伙再令人讨厌，也比不上东条英机和希特勒吧？研究半小时，总比生气半小时强。

他穿着一件厚呢子大衣，大衣放在身后的椅子背上，那种大衣在他那个内地城市里，只有厅局长们才穿。稳重、沉闷、保守和暧昧。他矮小的身体不适合穿这种大衣，会让人觉得他是钻进大衣里的鼹鼠，踮起脚才能撑起这件沉重的外套。于是他脖子上围了一条红围巾，让人们的视线抬高，从那沉重的大衣里和他一起从领口伸出头来。这个红围巾让我想起他曾有过的风流事件，不过他到底还是为了这件准官袍，割舍了那份情缘。唉，围巾上的这颗头还是多年前那颗头，只是头发又少了许多，光滑的不再是前额，而是头顶。有一缕头发，认真地从左面的耳侧越过秃了的顶峰，贴在右耳的上方。要保住这几根残存的头发，要染黑它们，每天还要指挥它们越过秃了的头顶。这是件细心的工作，当然，从我一认识他，就知道了他的细心。细细的头发就像他的字，每个字都写得工整，每一笔都匠气十足。头发这东西，像人的才气，多了怎么都好办，越少越费劲。记得他曾自己评价自己：“我这个人没上过几天学校，在文坛混出来，靠的就是才子气加上流氓气。出身苦哇，从社会底层爬出来，容易吗？”他说得也对，只是才子气越来越少，就压不住流氓气了。当然，官场和文坛的流氓，不比大街上的滚刀肉，不是用力去搏，而是用心去算。他够费心了，原先还算光滑的前额，算出了一道道深沟。我相信面相也是心相。心地坦然的人，脸上也光明清秀，心理阴暗险恶的人，会有一脸的苦大仇深。他这个人呀，得是得于算计太多，失也失于太多算计。看来，他给别人心上刻下的一道道伤痕，老天爷也一刀一刀地刻在了他的额头。额头上刻满了，眼角和腮帮子上也沟壑纵横，像水土流失。当然，流失的是岁月，岁月带走了许多曾经有过的友情和信任。有人说眼睛是心灵的窗户，自从认识他，我再也不信这句话了。他的眼睛很会表达，准确说是表演，有时盯住你，你会觉得那双眼睛充满了真诚和善意。只是后来，我发现这双眼睛像猫的眼睛一样，会变化，会调光，当需要的时候。啊，这不，此刻他一直呆滞的目光瞬间消失了，两眼放光，可以用炯炯有神这个成语了！啊，他想发言了，灿烂的笑容从嘴角吹出来开遍了他整张脸……

时间过得真快，半小时过去了，我为自己新的发现而陶醉。一切都没有改变。还是这个会议室，还是这个令人讨厌的人，还是那夸张而蘸满"哈！哈"的发言，但我已经不觉得他那么讨厌了。他生动，他善于表演，他活得努力而辛酸，他让我同情。

这是我的体验。如果要作总结的话，那就是两句话：第一句，当我对我喜爱的人认真观察的时候，这种观察让我从爱我所爱的人进而热爱生活。第二句，当我对我讨厌的人认真观察的时候，这种观察让我从热爱生活进而热爱文学。

云横秦岭

今年5月下旬到西安参加第二届中国诗歌节，时间安排在5月下旬，大概与纪念毛泽东在延安文艺座谈会的讲话有关。这种大型的"诗歌节"，请的人多，各方面的代表也多，重在营造气氛，用当下时髦的话叫"文化搭台，经济唱戏"，当西安做这件事的时候，更多的是往回看，盛唐气象中诗歌是最体面的名片。

西安是我生活中一个重要的城市，我人生最重要的青春时代，是在陕西度过的，延安插队，陕南秦岭工厂工作，先后八年时光。在此期间，我开始诗歌写作活动。最早与文坛接触就是在西安东木头市的一座小院"陕西文艺编辑部"当过工农兵的业余编辑。离开陕西已经三十多年了，其间也回过西安，每次都有大变化，这次参加诗歌节，更感到西安大兴土木的气派，歌榭舞台，盛世华章，令人眼花缭乱，几乎完全抹去了我记忆中的古城西安的影子。

忙了一天，回到饭店休息已是深夜，房间里的电话突然响起。是谁？电话的那头说：“我是章明，我们看到报上您的照片和记者的访谈，知道您回西安了，今天我们找了您一天！”章明是在陕南一家工厂里与我同住一室将近三年的人，他的电话把我带回三十多年前的时光。电话中他告诉我，曾在秦岭大山里一起度过青春岁月的人，现在虽然都各在一方，他正在筹划搞一本回忆录，让当年的朋友们留下自己的记忆。

章明所说的那个工厂是一个特殊时期的特殊单位。总后勤部当时还有个“军马局”，军马局在秦岭山区建了这所工厂“2837工程”。名字挺唬人，其实就是座化肥厂。工人由两部分主力组成，一部分是复转军人，另一部分是知识青年，知识青年的主体又是第四军医大学的子女，军医大中教授和高级知识分子成堆，在那个非常时期，这些年轻人被视为“可以教育好的子女”，没资格参军上大学，于是集中到这大山里创业建厂。这是一段让人永生难忘的经历。所以，才有大家写一本回忆录的想法。

接到章明的电话，我一夜难眠。随后又在电脑里读到章明发过来的许多当年工友的回忆文章，有的还提到了我，比如有一篇文章里写道：“……单位第一次死人，领导十分重视，埋人的那天，几位厂头头到场送行，丁光亚副厂长、政治处主任刘官元等人轮流亲自抬棺，团委书记叶延滨也在送葬的人群中，一行人扛着棺木沿着坑坑洼洼的山路，艰难地翻过好几道石堰，把人埋葬在高高的山顶……当天傍晚，叶延滨来卫生所，说是眼睛有点难受，可能是上山埋人被风沙吹迷了眼，王鸿云大夫检查后说没有什么，遂开了瓶氯霉素眼药水来滴眼睛。一夜无事。第二天一大清早，还未到上班时间，章明就来砸门：‘不得了啦！你们快去看看吧！’我急忙去了楼上他们的宿舍，好家伙！叶延滨的一只眼睛，记得是左眼，已经肿成了个山里常见的大核桃。原来昨天迈上最后一道石坎时，棺材前头一下翘了起来，重量端直斜压向后面扛棺的人，叶延滨就处在右后位置，他尽全力用肩膀顶住倾斜的棺材，左脸颊紧贴棺材盖，据他自己说左眼睛明显感觉到了一股棺材缝隙中飘溢出来冰冷气体的吹拂……”这个细节我已记不起了，但这些细节引领我重新回到那个秦岭山中的工厂，记起一些不平凡的人和不平凡的事，这些事与人，常常以特别的温暖，让我感到生活的美好与青春的可贵。我将与秦岭深处这所工厂有关的一些记忆片段，整理成为这篇散文。散文题目叫《云横秦岭》，因为那里曾是我的家，那些工友和基层干部曾是我的兄弟姐妹般的亲人，尽管那个时代并不太平，尽管那些我笔下的人也并非完美无瑕……

荣 会 计

这是我“参加革命工作”后，第一个业务上司。我在延安农村插队两年半以后，总后勤部到延安招工人。一听总后勤部，都报了名，忘记了看仔细后面跟上一串补语“军马局延安军马场”。在军马场的基层连队当了半年农工，我被调到场部供应科做了仓库保管员。供应科的最高行政首长姓周，四川人，个子很矮，待人和气，脸上总是挂着笑。这笑给我很深的印象。三十年前中国是物资最短缺的时期，僧多粥少，供应科就是个热点，也是个出气孔。周科长的笑容可掬，让他在这个总叫人抱怨的位子无人可以替代。供应科的业务首长，是一个中年会计，姓荣，都他叫荣会计。

荣会计是场长从山丹军马局要过来的，上上下下都叫他荣会计。荣会计自己说：“我这‘荣会计’三字，从参加工作就这么叫，一辈子跟着我，不像这个‘主任’那个‘部长’，三天两头换称呼，所以，我的名气也就大了。”我知道荣会计是后勤学院高才生，大概亲属中有背景复杂者，毕业后没有穿上军装。他一生气，在填写表格时，给自己"出身"一栏写上"淘汰军人"。正逢反右高潮，便没给他戴帽子，还算客气地把他从北京发配到西北去养马。

荣会计虽没有职务，但在供应科是无冕之王。小事他不管，大事他说了算。周科长是个笑嘻嘻的科长，荣会计看上去也是个乐呵呵的乐天派，在"文革"时期，人与人都互相提防，我在供应科的这段日子，倒像身在世外桃源。现在想来，也有道理，荣会计是永远当不成官的人，凭本事吃饭，也就敢说敢做。周科长放手让荣会计在供应科一言九鼎，也不危及自身前程，也就开明敬贤到底。开初我不明白，荣会计哪能有这等威信。后来才知道，荣会计又被领导层叫做"荣决算"。一年下来，场部首长先开会，决定今年是报亏还是报喜，形成决议后，场长就会找荣会计了。领导说今年要赢利一百万，荣会计就决算出个一百万；领导说亏了一百万，荣会计就给决算出一百万的窟窿。我成了荣会计的朋友以后，有次酒后就问他："这决算的窍门在哪？""嘿，计划经济就是上面有人计划，下面有人对着上面的要求报计划。年年增产，年年大丰收，年年有人没饭吃。上面唬下面，下面骗上面。我也是看着咱们场的领导们老实，才帮他们。你想想，当官的混到军马场来当'马倌'，也就够窝囊了。我帮他们一把，让他们安心点，你和我这样的人日子也好过。完不成上头的要求，只会年年换领导，新领导一上任必然要搞三把火，整来整去，倒霉的还是老百姓。"这些话今天说来不算个啥，当时可是听得我心惊肉跳。

荣会计的老婆是山东人，身材高大，模样也俊，爱热闹，于是我们供应科的年轻人是他家的常客。"啊，'闻香队'又扫荡荣府来了，你们比当年的鬼子还厉害。"其实，是她炖了一锅羊肉，让荣会计把我们拉去的。他们夫妻关系好，在马场出了名。马场工作条件艰苦，许多牧工酒量大得惊人，喝醉以后，就打老婆撒野，竟然成了一种风气。马场领导想了许多办法，收效都不大。荣会计知道后，笑着对场长说："这个好办，听我的，打一次老婆扣五块钱！"百般无奈的场领导实行了荣会计"打一次老婆扣五块钱"的政策，真是立竿见影，一是打人的少了，二是个别挨打的也不告状了，场长的耳根清静许多。在我记忆中，这是马场在"文革"期间按经济规律办事的唯一例子。那时候一个好牧工每月也只能挣四十多块钱，马场自酿的包谷酒每斤五毛钱，打一次老婆要少喝十斤酒，这个账，男人会算，女人心里也清楚。

荣会计看起来乐呵呵的，什么事也不放在心上，但烟抽得厉害，四十多岁就得了肺气肿。1976年"四人帮"倒台后，我被调回四川工作，他也在那一年去世了，死于肺心病。我一想到他，就会想起"淘汰军人"四个字竟会影响一个人一生，想起他"荣决算"和"五元罚款"的故事，他是我敬重的有才华的长者和同事，一想到他我就觉得"生不逢时"和"生逢盛世"真是个人不能自决的命数。

秦副政委

我能与荣会计、周科长一起在场部坐办公室，机会来自我从马上掉下来。刚到马场，我在连队当班长。种了三个月地，从拉粮的马车上掉下来，摔坏了肩，不能干农活了。正好这时，场部机关年底清仓查库，将我抽了上去。同时抽上去的还有十几个新工人，都是曾在延安插队的知青。清仓清了半个月，就到了12月。供应科长老周把我们十几个临时工集中到一起，开了个表扬会，然后留下一道作业，每个人替供应科写一篇年终总结。我在学校里是学生会的学习部长，"文化革命"中，又办过一年红卫兵小报，写总结的那一套还摸点门。一篇总结交上去，我被留在供应科，当上了仓库管理员。这在马场就算"干部”了，叫以工代干。除了当保管员，我就是供应科的文书了，总结啊，大批判稿啊，在场部小有名声。不久，军马场撤销了，我调到秦岭深处名为2837工程处的化肥厂，不再在财务科干了，分到政治处当了干事，兼为头头当秘书。

在政治处的另外几个干事，保卫、干部、宣传、青年，除了一个大学毕业生在当干部干事外，其他的是从工人中提起来的“代干”，在我以前，有两位也当过头头的秘书。

分管政治处的秦副政委，早先也是在上级机关当秘书，几个头头里，给他拟讲话稿最难。出了题目他也不说如何写，写出以后，他才边看边提意见，不改个三五遍，他的意见是讲不完的。

我做了秘书，便认真研究前秘书们以及上下左右的秘书们作文章的门道。觉出有三大类。头一类是文牍派，凡事都从老祖宗说起，每句话都要有出处，结构总是三段论：马克思、列宁然后毛主席，国际、国内然后本单位，优点、缺点然后是注意点，困难、成绩然后是光明而遥远的前景。这类秘书文章，单线思维再加各种引文，它的作用就是用连接词和标点把各种引文串成一篇文章。好处是，不会出错误，句句是真理或句句有根据。缺点是，在人们复习了中外领袖及名人的忠告后不知文章真实的想法是什么。第二类是实用派，观点听领导出，例子由秘书加。领导爱三国演义，他从上衣口袋里拿出孔明的锦囊妙计；领导爱说红楼，他就是半个红学家。这类秘书的长处是领导喜欢，短处就是花拳绣腿哪招都不硬。第三类是歌德缺德派，凡事都是本届领导最英明。从上届的脚下挖坑，挖出来的泥垫在本届的脚下。一旦本届走了人，又将这土垫在新的本届脚下。这类秘书的口碑不行，在任的领导们却爱用，而且还会出现“铁交椅秘书送流水官”。

这些秘书的招数我都用不上，也不完全是我用不上，而是当秘书出身的秦副政委早知道这些路数，不吃这套。我慢慢地发现，副政委爱改讲话题，多是随意性极大的想到就改。这就不好对付了。后来我琢磨出了办法。接受任务后，不要急着动笔，先放上两天，然后诚恳地找领导请示。在请示过程中要弄清头头的想法，在此时，一旦发现头头还没有想法的时候，及时地以请教的方式把自己的想法反复地向头头说明，装进头头的脑瓜里。这样，当我的稿子送到头头的办公桌上的时候，头头的意图在文章中得到表达，头头没有意图时，也会用我向他汇报的意图来审查我的稿件。从此以后，我的稿子秦副政委几乎不动。“小叶领会领导的意图很到家嘛！是个笔杆子。”——这是我在1974年到1976年间秦岭腹地的一个政治处里当秘书的经历。

如今我早就不干秘书工作了。现在当秘书也肯定不像那个非常时期中的秘书们的那种做法。当然随时从首长们的报告中，也会遇到面熟的文牍派、实用派和歌德派的影子。有时，在某些领导的报告和署名文章中，也会感到另一位的口气和笔法。想笑：这里又藏着个能领会头头意图的笔杆子！

刘主任

刘主任是我第一个政治首长级的领导，那是我从军马场调到总后勤部2837工程处的最初日子。我从马场调到秦岭山里的2837工程处，没有继续在财务科工作，而是调到政治部，也是因为一场意外。我在马场供应科当上仓库保管员。保管员干了半年，军马场因故撤销移交地方。办移交过程中，发生了连队工人聚众抢场部拖拉机的事件。拖拉机新运来不久，还没有用过，按协议这类没有使用过的设备不交给地方，将由部队运走，这是事件的原因。正好我在负责管理这批拖拉机，我便成为主角。我在不知情的情况下，本能地阻挡聚众哄抢者，挨了一通拳打脚踢。事件发生后,我糊里糊涂地成了“保护国家财产”的好青年,受惊吓不久又受惊喜,“火线”入了党,破格从马场调到“2837工程处”的政治处当干事。在这一系列命运“中彩”之后,刘主任成了我的上司。

刘主任长得胖胖的,虽然只是个副团职,却早早准备下了将军肚。他文化不高,却当上了政治处主任:“小叶呀,我是个大老粗,但我爱文化人,你是个高中生,算秀才了,虽然现在你还是个‘以工代干’,好好干,将来提成干部也很快嘛!”现在的年轻人,也许不知道“以工代干”是个什么东西。这句话是说,你本身是个工人让你做干部的事情,但别忘了你不在干部花名册里。老百姓说法是“混进干部队伍的工人阶级”。大概刘主任也是这路出身,所以在他手下没有受歧视的感觉。刘主任说:“别听‘政治处’三个字就晕乎了!政治处干什么?记住了——”他张开胖乎乎的巴掌,掰着指头说:“文件简报,标语口号,逢年过节,吹拉弹唱,迎来送往,打球照相,布置会场,送茶签到,首长讲话,带头鼓掌!”刚好数完十个指头,简明扼要,易记上口,便于操作,大概这算我一生中所遇到的最简洁明快的“岗位责任规程”。刘主任两只胖乎乎的大手一合,结束了见面的头一次谈话。这是头一次在政治机关坐办公桌之前的领导谈话,所以记得清楚。

记得清楚的还有刘主任的这双大手。到政治处工作久了,知道这双手的重要。背后干事们都在传说,刘主任也是从山丹老马场调来的,原先就是个普通干事,有个重要首长讲话时,带头鼓掌,掌声嘹亮,于是得到提拔。我半信半疑,他的“岗位责任”以“带头鼓掌”压轴,想来也许有刘主任的道理。至今还记得刘主任的这双大手,还有另一个原因,就是他的老婆竟然是一双小脚。第一次到他家,见到这个女人,还以为是他乡下来的亲戚,刘主任笑呵呵地说:“这是我那口子!”我吃了一惊,反差太大了。刘主任长得牛高马大，这女人又干又瘦，论高矮差不多只到他腋窝，论重量肯定不足他的一半，特别是一双旧式女人的小脚，使我一下子不知如何与她打招呼。这女人比刘主任年纪大，是老家父母订下的亲事。一个乡下的小脚女人，刘主任就这么带着她走南闯北，让人百思不得其解。一双大手与一双小脚，这对夫妻给我留下的就是这个形象。刘主任与老伴十分恩爱，他老伴身体不好，刘主任如果没有上班，政治处的同事就会说："老婆子准是病得叫刘主任伺候了！刘主任真是个好人！"

有个小脚的恩爱老伴，刘主任以道德模范的形象支撑着他在政治处的地位。政治处里那些事，谁都能做。做得好与做得差，也全凭嘴皮子，没有个准星。能带着小脚的糟糠妻在仕途上混前程，还真找不出第二个。于是在政治挂帅的年月，他也就以模范身教统领我们这十来个人的政治处。除了小脚，他让我记得的事迹还有一件——看电影抗地震。

看电影抗震，起因是1976年四川松潘大地震发生时，波及我们工厂。当时，工厂正在露天放电影，虽然动静不小，但是工厂本来就在铁路边上，每天火车都会让大地在我们屁股下震动几十次，这回真正的地震来了，大家也就当成火车路过。人心安定，电影照放。直到住在楼上早睡的换班工人，穿着裤头发疯地从宿舍里跑出来，才知道这一回不是火车闹事。有了这个经验，一连几天，全厂职工在露天看通宵电影，从《地道战》到《沙家浜》轮番地放，大家睡了看，看了睡。直睡到刘主任成了抗震的先进典型。

刘主任当典型不久，就调出工厂。厂领导换人，老领导带着刘主任到"新的战斗岗位"去了。他是我第一个"政治"领导，真的忘不了他。直到现在，一听见哪里喇叭有《沙家浜》的动静，我就会觉得大地在脚板下又晃动起来……

康 干 事

康干事是我政治处第一个同居一室的同事，刚报到，主任就说，你去和康干事住一屋吧。

正是初冬时节，山里的工厂还在筹建，条件极差，大部分工人住在油毡搭的工棚里，四面透风。小康和我一样，都是从工人中抽出来做“以工代干”的政治处干事，我管青年和宣传，小康分工保卫，他比我早几个月到政治处，临时住在广播站里。我在新盖起来的工厂大楼里，找到工厂广播站，敲门。“谁？啊，来了……”听到穿拖鞋在水泥地上擦出的声音，门开了。一股热腾腾像澡堂的水雾扑面而来，我的眼镜一下子什么也看不到了。他一把将我拉进房里，我取下眼镜，四周环顾一圈，发现这水雾是从一只搪瓷洗脸盆里冒出来的。两片钢锯接在电线上，做成一个简易的加热器，将水烧开，冒出热乎乎的蒸汽。“你就是小叶？怎么样，我刚想出来的主意，暖和吧！”真够暖和，现在叫做“蒸桑拿”也叫“蒸汽浴”。小康与我就在这热腾腾的蒸汽中认识了，也许就是这一房子的蒸汽，让我记住了到2837工厂的第一天。记得这一天的原因还有，在热气腾腾的见面之后，我们有一个冰凉的夜晚，那些热气都在冬夜里变成潮湿而寒冷的被褥。我出于礼貌，他出于脸面，我们一夜都假装睡得香甜。

很快，我发现保卫干事小康常有自己的小聪明，他用这些小聪明在糊涂办案，却并不是冒傻气。

这是我记忆中的一件事。一个女工告她的班长“强奸”。女工是知识青年，班长是复员军人。知识青年是城里人，复员军人是乡下人。本厂工人就是这两大群体。两人的事涉及全厂，于是康干事取证时，把我叫去做记录。康干事只听原告的，从早上说到下午，我记了十多张纸，芝麻绿豆的小事都听那女工说。说完了，让那女工签字按手印。等到女工在最后一张记录纸上按上指纹，小康一边收这记录一边说："别闹了，不想和别人好了，也用不着害别人呀。回去吧。"那女工张口结舌瞪着小康。小康说："我让你明白，这强奸有多次？那头一次为什么不告？"等到那女工走了，我问小康："你有把握吗？""没把握，如果她不服，会再找来的。"之后，那女工再也没找，此事就糊涂结案了。

这是我记忆中的第二件事。工人居住的棚户区发生了火灾，十几户工人自己搭建的工棚，烧成一摊灰烬。单身工人进厂都住集体宿舍，搭建棚户者，都是有家室和新结婚的，自己给自己弄个窝，不容易。火是半夜烧起来的，也不知道起火的原因。正在调查时，有人举报，是刚结婚的一对青年工那间临时工棚先起的火。去看现场的人回来报告，说在灰烬里发现一只电炉。事情看来有眉目了。此时小康却不抬头，只说了一句："现在各家都不准人回去，你们也都翻一下，还有没有电炉。"不到一个钟头，到各家看现场的人回来报告："家家都有电炉！"于是一场看似有肇事者的火灾，又成了无头案，不了了之。我问小康："为什么不查那对刚结婚的？"小康说："十有八九，不会是他俩出的事，这是一。就算万一是他俩，这十几户住工棚的，损失最大的就是他俩，其他人没什么财产，他俩全是新的，已经够倒霉了，还给他们雪上加霜？"想一想，也只能这样糊涂了事。

第三件事，是件大事，工厂还有个矿区，矿区出现了凶案：两个谈恋爱的青年工，女的不愿再与下井的男朋友谈朋友了，要分手。男的下班后，半夜里跑到女工宿舍找女方。宿舍里还有另一个女工，知道他俩这种关系，也不回避，蒙头睡觉。那小伙子把开矿的炸药捆在腰上，喝得醉醺醺地找女方谈，谈到最后，就是半夜里一声爆炸，掀翻了屋顶，两个人早变成纷飞的血肉，挂在树枝上，喷在墙壁上，落在山坡上，几乎没有了成形的部位。还是小康处理此事。双方家长来了，把那个蒙头大睡全身没受一丝伤的唯一证人带到双方家长面前："他们俩那天谈话你在现场吗？""在，因为常这样，所以我没管，自己先睡了。""他们说什么？""不知道。""怎么爆炸的？""不知道。""炸药怎么在房里？""不知道。"在一连串的不知道之后，小康和家长关门协商出三点解决办法：一、两个人算意外事故，厂里按工伤给双方发抚恤金；二、双方家长不再追究此事；三、两人的遗体无法分辨，合葬掩埋。一场大家都心知肚明的凶案变成工伤，而且加害者与被害者合葬同穴，不是太荒唐了吗？我禁不住问小康。小康说："不糊涂怎么办？男的犯了错，弄出个凶杀犯，又不能再枪毙他一次，受罪的是他的家人，成了坏分子家属。女的是凶杀致死，拿不到抚恤金，还给亲属添一个桃色新闻，抬不起头啊。最难的是弄明白是凶案了，这两人不能一起埋吧？要把这些成块成渣的遗体分开来，难于上青天啊……"一件也许永远弄不清的案子，就让小康快刀斩乱麻地糊涂结案了。没有人上诉，没有人喊冤，尽管这明明白白是有冤有未了的孽债！

事件过去多年了，小康与他的故事都在"文化革命"的70年代初，想起这位"二把刀"保卫干事，就能感知那个时代的法制环境。想起他的这些故事，就发现人世间的聪明，有些是不能用条例来比量，最比量不出的恰恰是"难得糊涂"也……

中国梦的家园
——我与《诗刊》十四年

1

《诗刊》从1957年创刊至今已有半个多世纪的历史了，应该说是中国资格最老、影响最大的文学期刊之一，作为中国作家协会旗下的重要刊物，在臧克家、李季等历届主编的主持下，《诗刊》一直把展示中国诗刊全貌、团结中国当代诗人作为己任。随着时代的发展，中国诗坛“百花齐放，百家争鸣”的局面初步形成，因此，刊物也面临着众口难调、众说纷纭的局面。要团结各种风格流派的诗人，在办刊中更要百倍小心维护和爱护每一个诗人和每一件作品。

《诗刊》在中国文坛上曾有崇高的地位，1957年1月创刊，在创刊前的1956年11月，主编臧克家等人致信毛泽东，请求在创刊号上发表毛泽东诗词。1957年1月12日毛泽东复信，同意在诗刊发表18首诗词。两天后毛泽东又约见了主编臧克家亲切谈话。1月25日创刊号出版，刊发了毛泽东诗词18首，还有艾青、冯至、孙静轩等人的作品。《诗刊》创刊后曾产生巨大的影响，成为中国最为重要的文学期刊之一。随着形势发展，在文艺界阶级斗争不断升级的背景下，于1964年底宣布："暂时休刊"以便编辑部人员"参加火热斗争，加强思想锻炼"。1975年，经邓小平圈阅的《关于〈诗刊〉编辑出版工作的请示报告》报送毛泽东，毛泽东批示："同意。毛泽东　九月十九日"此报告中明确，《诗刊》每期将印少量线装大字本送毛泽东等中央领导审阅。1976年1月1日《诗刊》正式复刊，复刊号刊有毛泽东《水调歌头·重上井冈山》《鸟儿问答》词二首。《诗刊》复刊后不久，粉碎"四人帮"，解放思想，改革开放，全国人民激情澎湃，广大诗人佳作如潮，《诗刊》成为最有影响的刊物，《诗刊》每月发行量达到数十万份，参加《诗刊》刊授的学员达到数万人，《诗刊》举办的朗诵会场场爆满，《诗刊》主办的"青春诗会"被诗人们称做"诗坛的黄埔军校"。我从1977年开始在《诗刊》发表作品，1980年参加了首届"青春诗会"，发表了获奖成名作《干妈》，1982年由《诗刊》邵燕祥和吴加谨两位领导推荐加入中国作家协会。同年大学毕业后就分配到四川《星星诗刊》工作，后任《星星诗刊》副主编、主编。因此，我是由《诗刊》走上文坛，并且因此一生从事为诗歌服务的工作，我为此自勉并感恩。

2

中国诗坛自20世纪90年代以来，最大的变化就是从比较单一的流派和风格，变得丰富多彩，这对广大作者是开放了创作的天地，对广大读者是增加了多种多样的新作品。但作为一家反映和展示全貌的刊物，就有了编选上的难度。早些年，一首诗全国人民都传看，一条"古典诗歌和民歌相结合的道路"全体诗人都在走，虽然单一，但编刊物相对有较为共同认可的标准，同时在这种标准下有共同认可的好作品。从发行量看，当年《诗刊》发行几十万份，但那时，全国只有几百种报刊，电视和网络都没有。现在全国有八千多种刊物，还不算上万种的报纸，读者分流了，这是正常的事，但对于一个刊物可能就是灭顶之灾。

我是1995年调到《诗刊》工作的。此前我于1994年离开《星星诗刊》，由国家人事部专家司批准，调北京广播学院任文艺系主任。1995年夏，时任中宣部副部长的翟泰丰同志给广电部长孙家正同志亲笔写信，调我到《诗刊》任副主编。这一年，《诗刊》第一次出现了经营亏损，我分工是作品部分的终审编辑以及行政管理。当时《诗刊》处于低点，发行下降，经营亏损，车开不动，一台电脑也不能用。各种矛盾突出，职工情绪不高。1997年高洪波调任《诗刊》主编。1998年起我主持刊物日常工作，2001年任常务副主编兼法人代表，2005年起任《诗刊》主编至2009年。记得高洪波主编刚到任的第一年，过年没有钱给大家发过年费，我从北京飞到深圳，找到一个当老板的朋友，用报纸包了五万元回北京让大家过了一个节。屋漏偏遇连夜雨，1998年，我们想好好做一个调查，振奋一下诗坛和明确刊物的方向，几千份调查问卷整理出来后，将有关问题和情况《中国诗歌现状调查》在刊物上发表，引起众多议论，有一家报纸发表了一篇非常不友好的文章，把《诗刊》说成“老牛破车”，我们差点与这家报纸对簿公堂。

一切都要靠刊物的自身说话，要恢复刊物在读者中的威信，就要有好作品。我在主持刊物编辑工作后，开了“名家经典”专栏，每期发一个中国新诗史上著名诗人的作品，集中刊发重量级诗人的成名作、代表作、近作，陆续刊出了艾青、臧克家、绿原、牛汉、卞之琳、郑敏、蔡其矫、贺敬之等名家经典之作，梳理了中国新诗传统。同时，努力加强与青年诗人的联系。在20世纪90年代，整个诗坛比较低迷，读者与诗人之间关系疏离，青年诗坛发生了“民间写作与知识分子写作之争”等事件，有限的版面使许多青年诗人的新作难以在《诗刊》与读者见面，使《诗刊》成为备受一些青年诗人抨击的“官方刊物”。我一直努力想把原来内部赠阅的刊授教材《青年诗人》，办成公开发行的“下半月刊”，但来自内部和体制的阻力都不小。2001年，在中国作家协会一次讨论与青年作家关系的会议上，我再次提出办下半月刊团结青年诗人的主张。会前我就作了准备，发言中间我拿出一沓各地青年诗人社团自印的“民间刊物”，我说，我们不去为青年诗人提供园地，人家就自行其事办“民刊”，一定要让青年诗人的作品能更多地登上《诗刊》，才能团结和联系这些有才华的青年人。记得主持中国作协工作的原上海市委宣传部长金炳华同志把这一叠“民刊”都接过去认真翻阅。会后不久，中国作协批准我们办《诗刊》下半月刊，这样诗刊每月从原来的六十四页变成了一百六十页，有更多的版面提供给新诗人的佳作。近年来，作者创作风格和流派多了，作品差别也大了，每一种样式甚至每一个诗人都有自己的“读者群”，各个读者群之间的审美趣味大相径庭，这种态势，使诗坛从金字塔式变成平面花园式。因此，扩大版面，让更多样式的诗作得到发表，是与时俱进的要求。2002年《诗刊》在作家协会领导的关心下改版后，最直接的效果就是扩大了诗刊的容量，最大的受益者是青年诗人和诗歌爱好者，包括旧体诗的爱好者。下半月刊主要面对青年人，这在很大程度上改善了《诗刊》与青年诗界的关系，使《诗刊》把更多精力放在扶持青年诗人方面，同时也继续关注名家名作。

3

《诗刊》多年的经营形成了自己开门办刊的特点，也就是说，除了编稿子，《诗刊》还要开展各种活动，使作者、读者和编者共同形成良好的生态。应该说,《诗刊》是诗人与诗歌爱好者之间的桥梁和联系的平台,而我们的这些活动,也是给这种联系提供更大的空间和更重要的平台。“青春诗会”每年一届,参加者有十多名当年优秀的青年诗人,带着作品,讨论、修改,最后出一本专刊发表。这实际成了每年度的新诗人推介会,把有前途有潜力的青年诗人推介给读者。自1980年至今,“青春诗会”成了青年诗坛重要的品牌。现在活跃在诗坛的中青年诗人,有二百多位曾参加过“青春诗会”。

《诗刊》在进入21世纪后设立的“华文青年诗歌奖”目前已进行了七届的评定。每年一届,每届评定三名获奖者,都是从当年创作活跃的青年诗人中产生。关注当下正在创作的青年诗人是这个奖与其他奖不同的特点之一。评定方式也与其他评奖不同:参评的诗人都以当年作品报名或被推荐,从数十名合格的候选诗人中,编辑部初选向评委推荐十名诗人的作品,然后评委根据自己的阅读排序和打分,排在第一的十分,依次为九分、八分、七分……评委独立阅审打分,最后根据所有评委的分数,排在前三位的是当年的获奖者。这样充分体现了评委意志,同时也避免了平庸之作入选。比方说,有创意的不一定得到评委普遍的认可,得到普遍认可的不一定是最好的。我们这种评分法,七位评委中如果有三位评委把作者排到第一名,他就得三十分。而另一个作者,有五个评委给他打了分,但都只排在第五名,这样他得二十五分。按此比分,得三票的作者比得五票的更有可能获奖。这是华文诗歌奖的第二个特点,评委独立审稿定出优与差的排序并打分,避免互相影响和权威施加影响;最后按分数多少决定获奖者,使虽有争议但也特色鲜明的新人能脱颖而出。华文青年诗人奖,除了给予获奖作者奖金和证书,每届还要出一本诗选,每届从三名获奖诗人中选送一名青年诗人到北京师范大学中国诗歌中心当一年驻校诗人。

“青春诗会”是展示新人新作，“华文青年诗歌奖”是奖励当下最有活力的诗人，这两个品牌活动都是面向杰出人才和诗坛精英，而“春天送你一首诗”活动就是贴近广大诗歌爱好者，贴近基层，贴近生活，得到众多城市支持的公益性活动。我们从2001年开始这项活动，在北京、上海、广州、长沙、珠海、深圳、宁波等近百个城市开展了这个活动，近百万人参加了这个活动。现在“春天送你一首诗”已经在国家注册，中国作协党组书记金炳华在第七次全国作家代表大会的报告中说：“《诗刊》社每年开展‘春天送你一首诗’活动，迄今全国已有一百多座城市参与，成为中国作协组织诗人深入群众生活的一个品牌。”这是对《诗刊》同志们的鼓励，也是鞭策我们继续坚持诗歌“贴近实际，贴近生活，贴近群众”！

4

就个人而言，我先后在中国两家最有影响的诗歌刊物《星星诗刊》与《诗刊》工作了二十多年并分别担任了主编，大概这也是时代进步的证据之一。在改革开放以前，刊物主编是高危职务。记得我刚到《诗刊》时，《人民文学》的主编对我说：我已当了六年主编了，前所未有啊！阶级斗争为纲时，运动一来，头一个下台的准是主编。编刊物是我这辈子的主要职业，我知道当主编也是打工。打好这份工，曾荫权说的话，我其实早就明白了。虽然是办的“诗刊”，但办刊物除了编辑刊物，还有不少是现实的经营管理问题，几乎都是杂文题材，没那么多诗情画意。我办《星星诗刊》有一点名气，20世纪80年代，“左”的影响还在，《星星》当年创办后是全军覆没，编辑全部都被划成右派。我在主持《星星》中也挨批，也被人写过内参，日子不好过。但我主持工作期间，《星星》没有一篇作品挨批，没有一个作者或编辑挨整，创造了刊物发行的最高量和刊物经营的最好时期。刊物办得好了，麻烦也会找上门。记得有一天上级突然找我谈话，在谈话期间找到财务收走全部账本。鸡飞狗跳查了几个月，查出会计多记了十九元的收入。在《星星》最红最火的时候，我主动离开《星星》，调到北京广播学院当系主任，当一名教书的教授。不恋栈并且随时准备下台，才可能把刊物办好，这是我的重要体会。办《诗刊》要比办《星星》掣肘的事多，京官难当，《诗刊》难办，圈内都知道。矛盾成堆也给我的杂文创作提供了“资源”。主持工作也罢，当主编也罢，我心里明白是为谁打工，这叫有社会担当，要尽心尽责。我努力做到有所为有所不为。前些年刊物经营十分困难，有的诗人一开口就说你是“官办刊物”，其实相当长的时期，《诗刊》经费百分之八十都要通过办刊物、搞活动来维持。《诗刊》不仅编辑的工资是自筹，由于体制上的原因，我们还供养十多个离退休的老干部和高级知识分子，少量的上级拨款连发离退人员的退休金都不够！我曾经说过，世界上任何一个诗人，如果知道叶延滨靠经营一份诗歌刊物，给二十多人就业岗位，同时供养十多个离退老人，他应该向我致敬。好在近两年国家逐步增加对《诗刊》的资助，相信今后会有大的改善。最重要的，是要明白这不是你个人的事业，不是你个人的刊物，心里有个底线：“只要上级找到替代我的人，我可以随时离开。”有了这个底线，有所为有所不为，主编才当得下去。举几个像杂文的例子：我到《诗刊》工作有点起色的同时，也有大量的告状信匿名信及各种反映送到领导手上，有的还有来头。上级老书记找我谈话，我问：“全部加起来够不够撤我的职？”“没有那么严重。”我对领导说：“那就不用谈了，全是真的！”解释有用吗？自己当心就是了。随着刊物越办越有样子，告状信匿名信也越来越有水平。有一次我在机关会上发言说：“去年纪检委收了告状信匿名信后，深入

《诗刊》核查有几十次，今年来《诗刊》只有几次，说明写匿名信的人和干工作的人，都有了改进。”有位当过部长的老领导曾指着我的鼻子说：“我就记住你了，全机关当面叫我老翟的，就是你！各单位头头里面，没主动给我打过电话的，也是你！”我其实挺喜欢这位领导，他当面教训我，足见他还不认为我是个坏蛋。我确实没给他打过电话。当主编，凡上面来的指示，一定要照办，指示以外就是主编的发挥空间。刊物办得领导个个满意当然好，但更重要的是读者满意，读者满意了，有水平的领导纵使对我有一百个不满意，也会“团结并且用其所长”让我干下去。说到底，我是赶上了改革开放的好时候，也谢谢有胸怀的领导们让我这样不仅爱写诗也爱写杂文的书生，居然做过两家最有影响的诗刊的主编。

5

《诗刊》经过全体编辑的努力，这些年得到了广大读者的喜爱和各级领导的关心。在一次中央的会议期间，原中国作协领导翟泰丰同志遇见江泽民总书记，就向江总书记约稿，请总书记给《诗刊》赐诗。江总书记谦虚地笑着说，那可是毛主席发诗的刊物啊！2009年刚过春节，温家宝总理的秘书给我打电话，说总理在整理去年的《诗刊》时，发现少了一本7月号的，能不能补上？我说当然能补上。总理办公室立刻派司机来取这本刊物。在全国八千多家公开发行的期刊中，《诗刊》在国家新闻出版署的评比排名中，先后获得过“国家期刊奖”“全国百种重点社科期刊”“新闻出版署‘双奖’期刊”等荣誉，我个人在2002年也获得出版署委托出版工作者协会颁发的第二届“全国百佳优秀出版工作者”称号。这些荣誉，表明《诗刊》在八千种刊物中位居前一百名的主流位置，在全国数百种文学期刊中处于前十名，在诗歌期刊中处于领军位置，是国家重要的主流期刊。荣誉是全体编辑和工作人员共同努力的结果，也是诗歌界共同努力的结果，还有中国作家协会和中国出版集团领导关心支持的结果。我认为，这些荣誉除了肯定成绩的意义，更重要的是还有寄予希望的意味。中国有悠久而优秀的诗歌传统，李白和杜甫曾是中国历史文化的名片。再创耀眼的诗歌辉煌，是一种期待和梦想，从本质上讲，中国诗人都应该是梦想家才对，《诗刊》应该是中国梦的家园！

（京）新登字 083 号

图书在版编目（CIP）数据
回首皆风景/叶延滨著．—北京：中国青年出版社，2010.12
ISBN 978—7—5006—9644—5
Ⅰ.①回… Ⅱ.①叶… Ⅲ.①随笔—作品集—中国—当代
Ⅳ.①I267.1
中国版本图书馆 CIP 数据核字（2010）第 219253 号

责任编辑：万同林

*

中国青年出版社 出版 发行
社址：北京东四 12 条 21 号 邮政编码：100708
网址：www.cyp.com.cn
编辑部电话：（010） 57350404 门市部电话：（010） 57350370
保定市新华印刷厂印刷 新华书店经销

*

700×1000 1/16 13.75 印张 2 插页 160 千字
2011 年 1 月北京第 1 版 2011 年 1 月河北第 1 次印刷
印数：1—5000 册 定价：26.00 元
本图书如有印装质量问题，请凭购书发票与质检部联系调换
联系电话：（010）57350337